FORTIFICATION

ET

TRAVAUX DE SIÈGE DES ARMÉES

PAR

Le Major H. WAUWERMANS

DEUXIÈME ÉDITION

BRUXELLES

LIBRAIRIE MILITAIRE C. MUQUARDT

MÊME MAISON A LEIPZIG

PARIS — J. DUMAINE

1877

FORTIFICATION

ET

TRAVAUX DU GÉNIE AUX ARMÉES

TYPOGRAPHIE DE M. WEISSENBRUCH

IMPRIMEUR DU ROI

RUE DU MUSÉE, 11, A BRUXELLES

FORTIFICATION

ET

TRAVAUX DU GÉNIE AUX ARMÉES

COMMUNICATIONS MILITAIRES
FORTIFICATION PERMANENTE, PASSAGÈRE ET MIXTE
ATTAQUE ET DÉFENSE DES PLACES. — CASTRAMÉTATION

PROGRAMME

DU COURS PROFESSÉ A L'ÉCOLE DE GUERRE DE BELGIQUE

EN 1871, 1872 & 1873

PAR

Le Major H. WAUWERMANS

Commandant du Génie de la ville d'Anvers

DEUXIÈME ÉDITION

BRUXELLES

LIBRAIRIE MILITAIRE C. MUQUARDT

MERZBACH & FALK, ÉDITEURS, LIBRAIRES DE LA COUR

MÊME MAISON A LEIPZIG

PARIS, J. DUMAINE

30, RUE ET PASSAGE DAUPHINE, 30

1876

TABLE DES MATIÈRES

PREMIÈRE PARTIE

COMMUNICATIONS MILITAIRES

— VII —

DEUXIÈME PARTIE

HISTOIRE DE LA FORTIFICATION

TROISIÈME PARTIE

APPLICATIONS TACTIQUES DE LA FORTIFICATION

QUATRIÈME PARTIE

APPLICATIONS STRATÉGIQUES DE LA FORTIFICATION

CINQUIÈME PARTIE

APPLICATIONS DE LA FORTIFICATION A LA GUERRE

SIXIÈME PARTIE

ENSEIGNEMENT PRATIQUE

L'École de guerre, dont la création est due à l'initiative de M. le lieutenant-général Renard, ministre de la guerre, a pour but :

« 1° De répandre l'instruction militaire su-
« périeure dans l'armée;

« 2° D'assurer le recrutement du corps d'état-
« major, en temps de paix, comme en temps
« de guerre. » (Arrêté royal du 12 novembre 1869, art. 1ᵉʳ.)

La tâche du professeur de fortification se trouvait déterminée, en termes généraux, par l'arrêté organique : *fortification permanente, fortification passagère, étude des communications, travaux spéciaux.* Il lui appartenait de fixer le détail et l'ordre des matières à enseigner, sauf à soumettre son projet à l'adoption du *Conseil des études* (art. 12).

Dans la rédaction de ce programme détaillé, il y avait lieu de tenir compte :

1° Du but spécial de l'enseignement qui tend à développer les idées générales que doivent posséder des adjoints à l'état-major, plutôt que les détails techniques qui appartiennent au domaine de l'ingénieur et de l'artilleur;

2° De l'instruction acquise par les élèves avant leur entrée à l'école, soit par des études antérieures, soit par un séjour dans les places fortes;

3° Des relations du cours avec les autres parties de l'enseignement de l'école, afin de ne pas anticiper sur les connaissances développées par les autres professeurs, dans l'ordre scientifique, ou dans l'ordre chronologique.

Sous le rapport de la préparation à cet enseignement, les élèves de l'école de guerre se

classent dans des groupes fort distincts : les
uns, arrivés au grade d'officiers à la suite d'études libres faites dans la position de sous-officiers,
ne possèdent qu'une teinture superficielle de
l'art défensif; les autres, officiers d'armes spéciales, ont poursuivi des études complètes de cet
art à l'École militaire. Il y avait donc à éviter
le double écueil, de créer un enseignement
inaccessible aux premiers et une répétition fas-
tidieuse pour les derniers. Pour atteindre ce
résultat, le professeur crut devoir renoncer à
la méthode d'enseignement dogmatique pratiquée à l'École militaire et préférer la méthode
historique qui, en élargissant le cadre, pouvait
apporter à tous un contingent d'idées nouvelles
et, par conséquent, les stimuler au travail.
L'application de cette méthode d'enseignement
était possible, parce que tous, ainsi que nous
l'avons dit, possédant déjà certaines connaissances des principes de l'art, il suffisait pour
les moins avancés, de fixer davantage l'atten-

tion sur les définitions et le but assigné à chaque détail nouveau, à mesure qu'il se présentait.

Le programme arrêté dans cet ordre d'idées, et en quelque sorte improvisé à l'issue de la campagne d'observation de l'armée belge de 1870, fut présenté au Conseil des études dans la séance du 27 juin 1871. Après une discussion, dans laquelle le professeur fit connaître les principes qui l'avaient guidé, il fut adopté par le Conseil. Pour comprendre l'ordre et la division des matières dans les trois années de l'enseignement, quelques indications sont utiles :

1re *année*. — Il est naturel d'ajourner l'étude de la fortification, c'est à dire de l'art de se couvrir contre les effets de l'artillerie, jusqu'au moment où les élèves, peu familiarisés en général avec cette arme, ont pu étudier ces effets dans le *cours d'artillerie* (1re année); dès lors, il parut nécessaire d'adopter pour la matière de l'enseignement de 1re année le *cours de communications militaires*.

2e année. — *Le cours d'artillerie* (2e année) comprenant le service de l'artillerie dans les siéges, il importait de pousser activement l'enseignement de la fortification et des méthodes d'attaque et de défense, pour donner sans retard aux élèves une idée exacte des siéges. Pour atteindre ce résultat, on adopta, pour l'enseignement de seconde année, la fortification permanente, en s'attachant tout d'abord à faire connaître le développement historique des progrès de l'attaque et de la défense. L'enseignement de 2e année fut aussi divisé en trois parties distinctes : *Histoire de la poliorcétique* (attaque et défense) — *application au terrain* (ou tactique) — *application à la défense des États* (ou stratégique).

3e année. — Contrairement aux traditions

généralement admises, la fortification passagère se trouvait ainsi rejetée à la fin de l'enseignement. Cette circonstance a paru d'autant plus heureuse que si l'on étudie les travaux récemment exécutés à Dresde, à Florisdorf, à Boulogne, à Plaisance, à Paris, à Richmond, on peut se convaincre que cette partie de l'art, loin d'être une de ses formes élémentaires, tend, au contraire, à devenir sa plus haute expression. Elle doit avoir pour but de réaliser avec des ressources restreintes, dans des conditions souvent périlleuses, des moyens défensifs qui se rapprochent autant que possible de ceux que l'on peut construire à loisir pendant la paix. Un seul obstacle s'opposait à l'exécution de ce plan d'étude : l'usage constamment adopté par les auteurs, de faire précéder l'étude de la fortification de celle des travaux que l'on peut avoir à exécuter pendant la guerre, terrassement, fascinages, défenses accessoires, etc., qui trouvent ordinairement leur place dans l'étude de la fortification passagère. Cet obstacle se trouvait levé par l'introduction du cours nouveau des *communications militaires*, qui fournit l'occasion, au sujet des restaurations de routes, de chemins de fer, etc., de faire connaître ces travaux dans des conditions d'autant plus avantageuses, qu'il devient possible d'y exposer d'une manière plus complète les progrès réalisés depuis peu d'années par l'industrie, et appliqués dès aujourd'hui à l'art de la guerre.

Placée à la fin de la 3ᵉ année, la fortification passagère, la seule partie de l'art que des officiers d'état-major soient appelés à pratiquer, forme la conclusion naturelle de l'enseignement de la fortification à l'École de guerre. Par cette méthode, il devient possible d'abandonner la routine étroite, introduite dans les écoles par le chevalier de Clairac, si vivement critiquée par Napoléon, et d'aborder l'étude de l'art dans ses formes les plus complètes, depuis le champ de bataille jusque dans les siéges, c'est à dire sous la forme générale d'*application de la fortification à la guerre*.

Dans la pratique, la méthode d'enseignement projetée n'a pu être réalisée qu'à la condition de mettre entre les mains des élèves de nombreux dessins et croquis, sur lesquels se faisait le développement oral des principes. Et encore, dans ces conditions, le professeur a dû, à cause du temps restreint qui lui était attribué, faire dans son programme de nombreuses réductions qui seront indiquées plus loin.

Bruxelles, avril 1874.

PROGRAMME

COMMUNICATIONS MILITAIRES

FORTIFICATION PERMANENTE, PASSAGÈRE & MIXTE

ATTAQUE & DÉFENSE DES PLACES

CASTRAMÉTATION

PROGRAMME

PREMIÈRE PARTIE

PREMIÈRE ANNÉE

COMMUNICATIONS MILITAIRES OU STRATEUMATIQUE

INTRODUCTION

1re LEÇON. — Importance des voies de communications dans les opérations militaires. — Règles géométriques de l'archiduc Charles. — Génie particulier de Napoléon dans l'art d'organiser les marches; ex. : Marengo, 1800. — *Logistique* et *strateumatique;* but de cette dernière.

Influence de la viabilité des routes sur les opérations militaires. — Voies naturelles. — Champs de batailles permanents ; ex. : Poitiers ; — Châlons-sur-Saône. — Des voies artificielles ouvertes par l'industrie à la guerre ; ex. : canaux de jonction. — Avantage des transports par eaux ; comparaison avec les chemins de fer. — Importance des destructions et réparations à faire pendant la guerre. — Des voies artificielles ouvertes par la guerre à l'industrie ; ex. : voies romaines ; — passage du Simplon et du Saint-Bernard ; — routes de Vendée, de Portugal, d'Abyssinie ; — expédition remarquable du maréchal Wade en Écosse.

Division du cours.

Considérations générales sur les transports :

1° Méthodes d'approvisionnements ; — lignes d'opérations restreintes sous Louis XIV ; — extension de ces lignes à la Révolution. — Des parcs. — Équipages réguliers et irréguliers. — Modes de transport par convois ; — par relais ou étapes. — Magasins d'étapes ou stations. — Progrès dus aux voies ferrées. — *Point initial des étapes* de l'armée.

2° Matériel de transport. — Matériel de guerre. Matériel de réquisition. — Évaluation du matériel moyen.

PREMIÈRE SECTION

CHAPITRE Iᵉʳ. — DESCRIPTION

2ᵉ LEÇON. *Historique.* — L'histoire des routes est liée à celle des progrès de la civilisation. — Sémiramis considérée comme l'auteur des premières routes. — Voies sacrées des Grecs. — Routes carthaginoises. — *Iter* ou *Itinera* des Romains; ex. : voie appienne, — voie aurélienne, — voie æmilienne, — voies des Gaules. — Mode de construction. — Chaussées de Brunehaut. — Les routes sous le règne de Charlemagne, — de Philippe-Auguste, — de Henri IV. — Sully grand voyer. — Progrès de l'art dans les communes flamandes. — Louis XIV et Colbert; — les ingénieurs militaires sont chargés de construire les routes; — création du corps des ponts

d'hiver. — Chemins d'eau. — Gués; — conditions auxquelles les gués doivent satisfaire.

3ᵉ LEÇON. *Profil longitudinal*. — Pentes; — pente moyenne; — pente maximum; — pentes brisées; — paliers; — zig-zag ou lacets; — pente et contre-pente; — rampe et contre-rampe. — Cassis; — en écharpe; — en chevrons.

Remblais ou levées. — Déblais ou tranchées. — Compensation longitudinale. — Fossés ou emprunts; — cavaliers ou dépôts. — Écoulement des eaux; — cunettes; — banquettes ou revers d'eau; — profils à revers; — caniveaux; — trottoirs; — murs de chute. — Murs de soutènements. Profils à revers, — en creux, — en corniche.

Rayons des courbes; — raccordements.

Accessoires de la voie. — Trottoirs. — Parapets. — Bornes. — Haies. — Bornes milliaires. — Poteaux indicateurs. — Toitures (Alpes). — Bancs et reposoirs; — Garages. — Fontaines et abreuvoirs. — Aqueducs et ponceaux. — Dépôts de matériaux. — Plantations.

Théorie élémentaire du tirage des voitures. — Cas d'une roulette simple; — cas d'une roulette à essieu. — Expériences du général Morin;

— conséquences. — Application aux routes en pente.

CHAPITRE II. — DES TRANSPORTS[1].

4e LEÇON. *Principes généraux*. — Allures naturelles et forcées ; — utilité des exercices militaires pour les régler ; — marche moyenne.' — Marches confuses des anciens. — Du Guesclin, Turenne, Guillaume de Nassau fondent l'art des marches ; — habileté de Napoléon dans le calcul des marches ; — progrès des Allemands. — Tableau graphique des marches, emprunté à la pratique des chemins de fer.

Marche de l'individu isolé. — Force absolue ; — principe de Daniel Bernoüilli. — Force relative ; — principe de Coulomb. — Application au fantassin, — au cheval de selle, — de trait : — vitesse et durée. — Marche sur les pentes. — Règles adoptées par les Allemands.

Marche d'un groupe homogène. — Allongement théorique et pratique ; — utilité des grandes et

---

[1] Ce chapitre appartient plus spécialement au *Cours d'État-major* (3e année). On se borne a ce qui est strictement nécessaire au développement des leçons suivantes, principalement sur les chemins de fer.

des petites haltes. — Conséquences pour le calcul des largeurs de voies.

Marche d'un groupe non homogène. — Intervalles tactiques. — Distribution des groupes. — Exemple de marches superposées du général Sherman en Amérique; — du général Douai en France. — Conséquences. — Données pratiques.

CHAPITRE III. — DÉFENSES ET DESTRUCTIONS.

5ᵉ LEÇON. *Défenses.* — Les fortifications constituent le meilleur moyen de défense des routes; — ex. : fort de Bard (1800); — Belfort (1815). — Les ingénieurs militaires étaient chargés du service des routes frontières sous Louis XIV; — importance de la *commission mixte* des travaux publics en France. — On complète les défenses fortifiées par des défenses accessoires sur les voies latérales.

Défenses accessoires. — Descriptions : — 1º *Chausse-trappes :* — stimuli; — planches à clous; — herses; — moyens de les combattre. — 2º *Surfaces glacées;* ex. : opérations sur la Sambre (1668); — moyens de les combattre. — 3º *Abat-*

tis; — ceppi; — vignes; — abattis sur place; — abattis rapportés; — moyens de les détruire. — 4° *Petits piquets*; — haies de fils de fer; — taillis appointés; — moyens de les détruire. — 5° *Trous de loups*; — scrobes et lis; — moyens de les traverser. — 6° *Chevaux de Frise*; — croix de Saint-André; — construction en fer (système Piron).

Destructions. — Difficulté des destructions totales; — principe des destructions graduées du général Burgoyne.

Destructions superficielles : — Destruction des piquets indicateurs et balisages. — Barrages au moyen d'abattis; — d'inondations. — Obstructions des gués; — moyens de les purger. — Démantèlement de la chaussée.

Destructions de fond. — Embarrage des tranchées. — Coupures des remblais. — Avantage du travail par la mine.

Mines de campagne. — Définitions : — Puits; — mode de construction; — méthodes rapides : — puits à la Boule. — Galeries; — mode de construction. — Mines forées; — outillage du commandant Tholer; — outillage belge du général Carrette; — méthodes d'exécution.

Établissement de la charge ; — enveloppes ; — bourrages ; — méthodes d'inflammation.

6ᵉ LEÇON. — *Théorie élémentaire des mines*. — Définitions ; — leurs effets divers : — fougasses ordinaires, — fougasses balistiques ou mines de projection, — globes de compression. — Calcul des charges. — Causes qui peuvent modifier les effets : nature de l'enveloppe, — du milieu, — de la poudre, — du bourrage.

Application à la formation de coupures ; — fourneaux qu'il faut préférer ; — ex. : défilé de Despena-perros (1810) ; — Belfort (1870). — Routes en corniches ; — ex. : Aerens la Tour (1808).

Application à la formation d'embarrages ; — fourneaux qu'il faut préférer ; — ex. : destruction du chemin de fer de Reichenberg (1866).

Pétards. — Outillages divers ; — appareils Courbebaise ; — appareil Verjus. — Chargement ; — principe du général Burgoyne. — Bourrage ordinaire, — en plâtre (système de Marteau) ; — en sable (méthode Jessop) ; — au moyen de coins (système Thurnberg) ; — de bouchons (système Brown). — Amorces ; — mèches Bickford.

7ᵉ LEÇON. *Machines infernales.* — Ruches d'abeilles ; — coffres enterrés de Goulon ; — chaînes infernales de Belidor ; — fougasses à cailloux de Bousmard ; — bombes en chapelets de Vauban ; — coffres à bombes ; — fougasses à bombes.

Systèmes d'inflammation automatiques : — Fougasse à trappe de Reveroni de Saint-Cyr (1800). — Batteries de fusils. — Batterie hollandaise. — Phosphore (général Dufour). — Abattis foudroyants (Reveroni). — Fulgurateur chimique de Legris (1825). — Détonnateurs Jacobi. — Torpilles à hydrogène.

Appareils électriques du colonel Verdu. — Appareils avertisseurs. — Système mixte du capitaine Dupont.

Détonnateurs à percussion (Yorktown). — Détonnateur fulminant Brook. — Détonnateur à friction Raines. — Feux lorrains de Nicklès. — Torpille charbon.

Applications des machines infernales à la guerre : — Bataille d'Érivan (1747). — Fougasse à cailloux (Kostnitz 1633). — Sceaux à grenades. — Mines muettes des Américains.

Fougasses balistiques : — théorie. — Fougasse

conique. — Fougasse rasante. — Fougasse rase. — Fougasse à faces planes. — Mines de projection de Savart. — Fougasson Daullé. — Ruche d'abeilles américaines. — Fougasse champignon.

Chapitre IV. — Construction et réparation.

8ᵉ leçon. — Exemples de routes militaires : — Routes romaines des Gaules. — Routes stratégiques de Vendée et d'Algérie. — Routes d'opérations de Fiorenzole (1494), — de Naples (1501). — Passage du Col de l'Argentière (1515), — du Saint-Bernard (1799 et 1800), — du Splüngen (1800). — Conquête de Magdala (1868).

Classification adoptée par les Allemands : — Routes militaires ou routes d'armée; — chemins pour colonnes de route (marsch colonnenwege); — chemins pour colonnes de combat (gefechts colonnenwege).

Piquets indicateurs et balisages indestructibles employés devant Paris.

Matériaux employés dans les travaux. — 1° *Menus bois :* — bois de pieux; — bois à brins. — Coupe en taillis; — bottelage. — Fascines; — piquets; — harts; — claies; — gabions; — gabions en tôle ; — paniers lestés. — 2° *Bois de charpente* : — poutres ; — poutrelles ; — madriers ; pilots ; — palplanches. — 3° *Roseaux* : — pailles. — 4° *Pierres* : — moellons bruts ; — équarris ; — pierres de taille. — 5° *Terres fortes* : — terres de schorre. — 6° *Gazons* : — leur coupe.

Travaux de terrassements. — Données pratiques sur le travail journalier des ouvriers civils et des militaires. — 1° *Travail à la pelle* : — déblai par couches ; — abattage. — Fouilleurs ; — régaleurs ; — piocheurs. — Relais à la pelle ; — données pratiques. — 2° *Transport à dos* : — banastre ; — couffin ; — hottes ; — emploi du mulet. — 3° *Transport à la brouette* : — description des brouettes belges ; — des brouettes anglaises. — Théorie de Vaillant sur les relais ; — examen de cette théorie ; — conclusion. — Plans automoteurs ; — données pratiques. — Méthode pour exécuter un remblai ; — ex. : remblai et déblai d'une route.

9° LEÇON. — 4° *Transports au camion* : — données pratiques. — 5° *Transports au tombereau*. — 6° *Transports en wagonet ou chien de mine*. — 7° *Transports en wagons* ; — travail à la baleine ; — au lancé (méthode anglaise).

Établissement de la route. — Reconnaissances du terrain ; — conditions spéciales aux routes militaires ; — avant-projet ; — cubage ; — méthode de Thomas Simpson.

10ᵉ LEÇON. *Projet de routes.* — Tracé et nivellement sur le terrain ; — profils en long ; — profils en travers ; — tracé du projet ; — épures ; — calcul des côtes rouges ; — métré ou cubature.

Constructions de la chaussée. — Exemples divers de routes militaires : — Routes en bon terrain : — Westphalie (1806) ; — Constantine (1837) ; — la Loire (1870). — Routes en mauvais terrain : — landes ; — polders ; — fondrières ; — marais ; — passage du marais de Chatmos (Angleterre) ; — du marais de Pentypol (pays de Galles) ; — routes militaires de la Caroline du Sud.

Passage sur la glace. — Ex. : Passage du Rhin par les Français en 1793 ; chaussée improvisée par l'ingénieur Six. — Passage du Grand Belt par Charles X en 1658. — Passage du Golfe de Bothnie par les Russes en 1809. — Passage de l'Ognon par le général Bourbaki en 1871.

11ᵉ LEÇON. *Théorie des éboulements.* — Talus

naturels. — Causes de destruction ; — pluies ; — gelées ; — sécheresse ; — tassements ; — pénétrations des eaux ; — affouillements des eaux courantes ; — ressacs des eaux dormantes. — Éboulements de surface ; — exemples. — Éboulements de fond ; — surfaces de disjonction ; — discussion sur leur forme ; — glissements ; — ils sont favorisés par la présence de l'argile ; — observations faites sur les chemins de fer de l'Est de la France ; — exemples d'éboulements de fond.

Travaux accessoires pour prévenir et restaurer les éboulements. — 1° *Fondations :* — assainissement du terrain ;—drainage ; — plates-formes en fascinage ;—fondations sur sable pour restauration des talus (procédé Bruère). — 2° *Revêtement des talus :* — terre végétale ; — herbages ; — gazons ; — argile ; — pierres ; — plantations de roseaux ; — tunes ; — tunes lestées ; — fascinages à plat ; — kieltuin ; — épis de bordage ; — baardwerk. — 3° *Consolidation des talus :* — pilonnage ; — saucissons ; — claies ; — charpente. — 4° *Soutènement ;* — perrés ; — pisés ; — enrochement ; — pilots ; — palplanches. — Battage des pilots ; — outils. — Packwerk ; — éperons.

Chapitre V. — Personnel.

Métateur romain chargé aux armées du tracé des routes. — Organisation des pionniers chargés de la réfection des routes au moyen âge ; — sous Louis XI, — Charles le Téméraire, — Louis XIII. — Sous Louis XIV, ils appartiennent à la direction du génie ; — le service des pionniers négligé après Vauban ; — création des pionniers d'état-major en 1788 ; — ils reviennent au génie sous l'empire. — Discussions soulevées à ce sujet entre le génie et l'état-major ; — examen des articles 11, 121, 129, 139, 110, 111 du réglement de service des armées en campagne. — Ingénieurs civils auxiliaires en 1793, 1814, 1831, 1871 ; — leur rôle.

Compagnie du génie divisionnaire ; — principe d'organisation ; — outils portatifs et de chariots.

Outillage pour l'infanterie ; — sa nécessité ; — discussions sur la manière de l'organiser ; — nécessité d'une colonne d'outils.

DEUXIÈME SECTION

Chapitre Ier. — Description

12ᵉ leçon [1]. *Historique de la voie*. — Voies ferrées romaines (*viæ ferræ*). — Rouages ; leur application aux transports de charbons de Newcastle par Beaumont en 1630. — Railroads en bois décrit par Saint-Frond en 1791. — Chemins laminés, en plate-bande (*plateways*) ou à ornière (*tramways*) de Whitehaven en 1738. — Transports par trains (*rams*) de Reynold en 1768. — Développements de l'usine de Coalbrookdale dans le Shropshire ; — son influence sur le progrès des chemins de fer. — Défaut des ornières ; — rails saillants (*edgeways*) proposés par Jessop en 1789.

[1] La matière de la 12ᵉ et de la 13ᵉ leçons formant d'abord deux leçons a été ensuite, faute de temps, condensée en une seule.

— Transports sur plans inclinés avec chevaux;
— chemin de Stockton à Darlington construit par
Stephenson en 1822; — dandy-cart pour voyageurs. — Plans automoteurs et bisautomoteurs
de Stephenson; — machines fixes. — Substitution du rail en fer battu au rail en fonte par Stephenson. — Chemins à la Palmer. — Chemins
américains.

13ᵉ LEÇON. *Historique.* — *Matériel de transport.*
— Chariot mécanique de Roger Bacon; — chariot
à voile de Simon Stevin; — chariot à ressort de
Jean Hautch; — le chariot à voile appliqué au
transport de charbon par Humphrey Mackworth;
— études de Richard Lovel Edgeworth pour perfectionner le chariot à voiles; — chariot à moulin horizontal de Lewis Gompertz et Thomas Tyn-
dall. — Fardier à vapeur ou cabriot de Cugnot,
ingénieur du prince Charles de Lorraine à
Bruxelles; — son but militaire; — essais de ce
chariot à Paris, à la demande de Gribeauval; —
opinion du général Bonaparte. — Chariot de Oli-
vier Evans en Amérique. — Essais de Symington
et William Murdoch; — de Richard Thévithick
et André Vivian : le dragon; — son application

au transport sur les voies ferrées. — Opinions erronées des ingénieurs sur le patinage des locomotives. — Système de Blenkinsop et Mathew Mourray avec rail denté. — Système de halage de Chapman. — Voyageur mécanique à jambes articulées de Brunton. — Expériences de Blackett; — machine de Blackett. — Travaux de Stephenson; améliorations successives; — chemin de fer de Liverpool à Manchester; — concours de 1829. — Système de Marc Seguin.

Avenir réservé aux transports par voies ferrées. — Système Seguier. — Système Arnoux. — Système Fell.

Introduction des chemins de fer en Belgique; — publication de Thomas Gray en 1825. — Travaux de Pierre Simons et Deridder (1830). — Premières lignes belges (1834); — leurs développements.

De la route. — Dimensions de la voie; — voie mixte. — Entrevoie. — Accotements. — Fossés. — Routes en déblais; — accumulations de neige; principe de Muntz. — Des pentes. — Des courbes; — surhaussement et sur largeur. — Viaducs. — Tunnels; — mode de construction. — Plans inclinés.

14ᵉ LEÇON. *De la voie ou chaussée.* — Rails ;
— formules de résistance ; — nervures, — bourrelets, — champignons. — Rail Coste ; — rails
ondulés ; — solides d'égale résistance. — Rails à
bourrelets inégaux ; — rails à bourrelets égaux.
— Rail à patin. — Rail ou Vignole, américain. —
Rail Barlow. — Rail Brunel. — Abouts des rails.

Supports ; — dés en pierre ; — en bois debout ;
— longerons ; — traverses ; — système Pouillet.
— Forme des bois ; — sabotage. — Supports
métalliques ; — plateaux ; — coussinets ; — cloches ; — système Samuel ; — système Hoby ; —
système Vautherin ou trapezoïdes ; — double T.

Attaches : — Coussinets. — Chevilles. — Cla-
vettes. — Coins ; — systèmes Rieck. — Éclisses,
— ordinaires, — à emboîtement ; — coussinet
éclisse ; — éclisses à cornière ou patin ; — système Rieck. — Plateau pour rails Vignole. —
Crampons et vis. — Bague Desbruyère. — Cla-
vette à deux têtes pour l'assemblage aux traverses
métalliques.

Ballast ; — son but ; — ses qualités.
Passages à niveau.

15ᵉ LEÇON. *Accessoires de la voie. — Des sta-*

tions. — 1° Halte ; — garage ; — branchement ; — 2° Station d'alimentation ; — plate-forme à coke ; — château d'eau ; — fosse à visiter. — 3° Station de dépôt ; — remise à voitures ; — à locomotives ; — quai à coke ; — fosse à piquer. — 4° Station de voyageurs, — station de passage, à évitement, — à rebroussement ; — station de bifurcation ; — station principale, — fermée, — bislatérale, — unilatérale ; — trottoirs ; — rampes. — 5° Stations de marchandises, — quais et fosses à chargement ; — halles couvertes. — 6° Station mixte.

Changement de voie : — Aiguille ; — contre-rail ; — patte de lièvre ; — crossing. — Système à deux rails mobiles ; — excentrique. — Système à aiguille double (Orléans). — Système à aiguille simple. — Système à contre-rail. — Système à deux aiguilles. — Levier à contre-poids, — à simple action, — à double action, — à contre-poids mobile.

Croisement de voie.

Traversée de voie.

Plaques tournantes ; — plate-forme ; — chariots transbordeurs. — Taquet d'arrêt. — Heurtoir.

16ᵉ ʟᴇçᴏɴ. *Matériel roulant.* — Voitures ; — châssis ; — ressort ; — boîtes à graisse ; — plaque de garde ; — essieu ; — tampons, en spirale, — à ressort, — en caoutchouc ; — crochet d'attelage ; — chaînes ; — tendeurs ; — freins, à main, — à vis.

Caisses de voitures. — Voitures à voyageurs : — Système anglais ; — voitures découvertes, — à deux étages. — Système américain. — Discussion des avantages des deux systèmes. — Bureaux ambulants. — Voitures cellulaires. — Wagons à bagages, — à marchandises. — Wagons fermés, à chevaux et bétail ; — cavaliers ; — écuries ; — bergeries. — Wagons ouverts, à houille, — à coke, — plats, — à équipages ou trucks, — à bois, — à rails. — Wagons de terrassements.

Locomotives [1].

Théorie élémentaire de la locomotion. — Mouvement de lacet, — de galop, — de roulis, — de tangage. — Répartition des poids dans la loco-

---

[1] La description de la locomotive est indiquée pour mémoire ; elle appartient au cours de mécanique. Ce cours étant devenu *facultatif*, elle doit être rétablie dans le cours de communications militaires ; il y a lieu, à cet effet, de l'augmenter d'une leçon.

motive ; — roues motrices, — directrices, — traînantes. — Effort de traction ; — résistance au roulement en ligne droite, — dans les courbes, — sur les pentes. — Formule de Wood pour le calcul de la puissance de locomotion. — Règle de la Compagnie de l'Est ; — application. — Appréciation rapide de la puissance d'une locomotive ; — règle empirique de Lechatelier. — Calcul du nombre des freins ; — règle française ; — règle allemande.

Chapitre II. — Des transports.

17e Leçon. — Premières tentatives pour l'emploi de la mécanique aux transports de troupes ; — chariot à voile de Simon Stévin ; — fardier à vapeur de Cugnot. — Essais faits en Angleterre en 1832 pour utiliser les chemins de fer. — Opinion du général Lamarque, du comte Daru, sur ces essais. — Applications nombreuses pendant la guerre d'Amérique, — d'Italie, — de Bohême, — de France. — Organisation du service en Allemagne. — Nécessité de travaux préalables pour la préparation des voies ferrées aux grands transports militaires. — Objets de ces transports : —

mobilisation, — concentration, — manœuvres, — alimentation des troupes, — évacuation des blessés et des prisonniers, — reconnaissances. — Vitesse réalisée dans ces transports. — Éléments qui influent sur la vitesse. — Principe du transport par masses unitaires. — Modes d'organisation des transports ; — transport par échelon, — transport avec retour ; — pilotage. — Tableau graphique pour l'organisation du service ; — éléments de calcul : vitesse de la marche, — durée des haltes, — intervalles des trains. — Données à en déduire : — vitesse moyenne ; — intensité du transport ; — quantité de matériel nécessaire ; — préparation des gares.

18e LEÇON. *Préparation du matériel.* — Utilité d'un matériel spécial de transports militaires ; — difficulté de réalisation ; — moyens d'y suppléer. — Transports du personnel : — installation dans les wagons à bagages ; — cuisines roulantes. — Transports des chevaux : wagons divers ; — transports des chevaux sellés ; — dessellés. — Transports des voitures ; — grues de chargement ; — matériel de campagne, — de siége. — Transports de vivres ; — gabarit ; — règles pour la conservation des approvisionnements. — Transports de poudres. — Transports de blessés; — arrimage des wagons. — Wagons blindés; — leur emploi.

19ᵉ LEÇON. *Formation des trains.* — Elle répond à trois types : — Infanterie, cavalerie et artillerie. — Nombre des voitures composant chaque train ; — règles admises; — unités militaires correspondantes. — Règle pour la distribution des voitures dans les trains ; — freins; — vigie. — Projet du transport ; — il détermine le nombre de voitures de chaque espèce à préparer.

Préparation des stations. — Embarquements d'infanterie en colonne ou successifs ; — voies de garage nécessaires pour la formation des trains. — Discussion sur les modes d'embarquement à préférer; — nombre des embarcadères nécessaires. — Travaux de préparation d'une gare d'embarquement; — embarcadères improvisés; — rampes mobiles ; — ponts à ridelles ; — rampes roulantes; — ponts sur chevalets; — ponts de chargement; — poulains; — rampes en terrassements, — en bois; — en tonneaux; — châteaux

d'eau. — Préparation des accès de la gare. —
Exemple.

Embarquements et débarquements. — Principes
réglementaires ; — durée pour les diverses
troupes.

Conduite des trains. — Police des trains en
marche ; — aux haltes. — Moyen d'obvier aux
principaux accidents.

CHAPITRE III. — DÉFENSE ET DESTRUCTION.

20ᵉ LEÇON. — Utilité des places fortes pour
fermer les voies ferrées ; — tracé de la voie aux
abords de la place ; — défaut des stations extérieures. — Défenses des voies ferrées par les fortifications passagères ; — but à réaliser.

Surveillance de la voie ; — personnel ; — outils d'entretien ; — patrouilles ; — espionnage ;
— otages ; — télégraphe. — Trains armés ; —
conduite en cas d'attaque.

Destruction du matériel, voitures et locomotives : — destruction complète ; — destruction
avec esprit de retour.

Destruction de la voie : — *Raids* de cavalerie
employés à cet effet en Amérique ; — mode de

destruction pratique. — Enlèvement du matériel ;
— démolition systématique allemande ; — vitesse
d'exécution ; — trains de démolition. — Manière
de fausser le matériel. — Embarrage des voies ;
— destruction des tunnels. — Destruction des
trains en marche ; — machines infernales ; —
systèmes automatiques ; — systèmes à volonté. —
Destruction des gares ; — emploi du pétard.

Art du pétardier ; — son origine ; — ancien
pétard en fonte ; — pétard moderne ou marron ;
— baril foudroyant autrichien ; — feu fénian ;
— emploi de la dynamite.

CHAPITRE IV. — CONSTRUCTION ET RÉPARATION.

Exemples de chemins de fer construits pendant
la guerre : — chemin de fer de Balaclava ; — de
City-point ; — de Pont-à-Mousson à Remilly. —
Construction systématique des Allemands ; —
rapidité d'exécution ; trains de travaux. —
Exemple de la rapidité que l'on peut atteindre :
— chemin de fer du Pacifique. — Matériel militaire pour la construction des voies improvisées :
— rails Vignole ; — système du camp de Châlons ; — discussion de ces systèmes. — Restau-

rations improvisées ; — manière de suppléer aux traverses : — système Pouillet ; — aux coussinets : — système Barberot ; — aux rails : — système du chemin de fer de Philadelphie. — Manière de rectifier les rails. — Construction improvisée des aiguilles ; — des plaques tournantes ; — changement à triple aiguille.

Méthode pour le déblai de la voie ; — chasse-pierre ; — wagon-charrue bavarois.

Chapitre V. — Personnel.

Nécessité d'une direction militaire pour l'exploitation des chemins de fer en temps de guerre ; — désastres résultant de l'oubli de ce principe en France, pendant la guerre de 1870. — Création d'un corps spécial militaire de chemins de fer pendant la guerre d'Amérique ; — résultats remarquables qu'il produit. — Système mixte, civil et militaire des Allemands ; — ses avantages. — Utilité d'un état-major spécial pour le service des chemins de fer ; — doit-il appartenir au génie ou au corps d'état-major ? — Nature de ses relations avec les autorités civiles de l'exploitation des chemins de fer, — en temps de paix, — en temps de guerre. — Utilité de la création d'un corps de pionniers de chemin de fer pour l'exécution des travaux improvisés et destructions; — pionniers à pied; — pionniers à cheval; — leur organisation. — Utilité d'exercer l'infanterie à l'exploitation des chemins de fer.

TROISIÈME SECTION

Chapitre Iᵉʳ. — Description

21ᵉ leçon. *Cours d'eau naturels.* — Description : — constitution physique d'un bassin naturel ; — thalweg ; — ligne de partage et ligne de jonction des eaux. — Ruisseaux, — rivières, — fleuves. — Origine des rivières ; — vitesse ; — manière de la mesurer : — flotteurs : — tube de Pitot ; — formules de Prony, — d'Eytelwein, — de Sᵗ-Venant. — Régime de la rivière ; — son débit ; — érosions ; — accroissements du lit ; — barrages naturels ; — courants et contre-courants ; — barrages submersibles et insubmersibles ; — haut-fonds ; — mouilles ; — rapides ; — râcles ; — cascades ; — cataractes ; — affluents ; — crues régulières et irrégulières ; — crues directes et indirectes ; — étiage d'été et étiage d'hiver ; — lit

majeur et lit mineur ; — influence des déborde-
ments. — Bouches des fleuves ; — delta : —
causes de leur formation ; — marais dangereux ;
— atterrissements côtiers ; — flux et reflux ; —
vives-eaux et mortes-eaux ; — pleine mer ou mer
étale ; formation des dunes ; — barres de flot ou
mascaret ; — dépôts d'alluvions : — terres de
schorre ; — lais et relais ; — barres de sable. —
Estuaire ; — rade foraine ; — rade couverte.

Fleuves et rivières navigables. — Rivières flot-
tables ; — forme des radeaux. — Rivière navi-
gable ; — forme des bateaux ; — limites de lon-
gueur et largeur ; — forme de la poupe et de la
proue ; — résistance des eaux à la marche des
bateaux ; — vitesses relatives ; — tirant d'eau ;
— passes navigables ; — balisage ; — amers ; —
bouées. — Largeur nécessaire aux coudes pour la
navigation. — Effort de traction ; — formule de
Dubuat ; — limite de vitesse. — Navigation à la
rame ; — toueurs ; — halage ; — navigation à
vapeur, — à la voile.

22ᵉ LEÇON. *Rivières canalisées*. — Objet de la
canalisation. — Moyens employés : — dévase-
ment ; — endiguements ; — barrages transver-

saux; — barrages longitudinaux; — barrages submersibles. — Polders; — wateringues; — polders d'été; — polders calamiteux; — arrière-polders. — Limite des endiguements; — rapides; — barrages continus ou discontinus. — Pertuis; — description; — pertuis à portes busquées; — à poutrelles; — à vannes. — Déversoirs. — Écluses à sas; — description; — écluses accolées.

Canaux. — Canal latéral, — canal de jonction, — canal à double pente. — Point de partage. — Profil; — chemin de halage; — pente. — Pont canal. — Canal souterrain. — Aqueducs; — syphons. — Réservoirs.

Ports. — Ports intérieurs; — ports de grande navigation. — Quais; — embarcadères; — pirs; — gares de stationnement; — bassins. — Ports maritimes; — rade foraine; — goulet; — môles; — avant-ports. — Bassins de flot; — portes de flot et d'ebbe; — chenal; — jetées; — estacades. — Écluses de chasse; — leur but; — système à poutrelles; — système à aiguilles; — système à portes tournantes; — système du capitaine Petitot; — système du capitaine Blanken; — système du capitaine Alewyn.

Chapitre II. — Transports.

23ᵉ leçon. — Considérations générales sur les transports par eau et les attaques de rivières. — Radeaux; — cas où l'on en fait usage; — expédition du colonel Van Spyck aux Indes hollandaises. — Navigation à voile; — facilité de l'arrêter par l'artillerie à cause de sa lenteur. — Navigation à vapeur; — avantages que procure sa rapidité. — Navires cuirassés et monitors pour résister au canon. — Béliers pour rompre les obstacles. — Navires double-end employés dans les rivières étroites.

Chapitre III. — Défense et destruction.

Défense par les fortifications; — puissance relative de l'artillerie de terre et de mer.

Moyen d'interdire la navigation des rivières; — enlèvement du balisage; — destruction des amers.

Moyen d'interdire la navigation des canaux; — enlèvement des portes d'écluses; — destruction des écluses par la mine.

Barrages : 1ᵒ *Barrage digue*. — Causes de

destruction des barrages. — Profil ; — expériences qui permettent de déterminer leur forme : — barrage de Cherbourg ; — barrage de Lillo (1845). — Mode de construction : — par enracinement ; — simultané. — Déversoirs ou pertuis latéral ; — leur nécessité ; — ex. : barrage de Coevoerde (1673) ; — barrage de Savannah (1861) ; — barrage du fort Darling dans le James River. — Dimensions des pertuis ; — leur forme. — Barrage en terre ; — revêtement en perrés, — en charpente ; — ex. : barrage de Raab (1809). — Barrage en fascinage ; — ex. : jetées de Vauban à Dunkerque. — Barrages en terre et fascinages ; — ex. : restauration des digues de l'Escaut en 1830. — Barrages en fascinages ; — par enrochements ; — caissons ; — saucissons farcis ; — paniers lestés ; — ex. : digues de Cherbourg. — Barrages en charpente ; — ex. : mole de Tréport ; — digue de La Rochelle ; — barrage de Savannah. — Battage des pilots ; — au moyen de la sonnette à tiraude ; — du mouton à vapeur Nasmyth ; — pilots oscillants (méthode Douglas) ; — affouillements par jet de vapeur (méthode de Savannah). — Résistance du barrage digue.

2° *Barrage estacade.* — Types divers : Dieppe,

— Dunkerque, — Havre ; — pont ou tillac ; — avantage de ces barrages. — Application à l'Escaut (capitaine Ablay) ; — brise-glace ; — durée de construction ; — résistance ; — éperons défensifs saillants ; — emploi du fer pour les consolider ; — ex. : barrage du Peï-ho (1859). — Barrages en pieux jointifs de Mobile. — Sawyers américains ou abattis de rivière. — Cribsworks employés au fort Mac-Allester. — Chevaux de frise employés au fort Powell.

3° *Barrage échoué.* — Différence avec les barrages en caissons ; — avantages ; — conditions d'établissement ; — profondeur de la rivière ; — nature du fond ; — force du courant ; — ex. : barrage de Ziricksee (1576) ; — barrage du fort Darling (1861), — il résiste à l'attaque de l'amiral Lee. — Bâtiments spéciaux proposés en Angleterre pour l'exécuter. — Carcasses en fer (système du capitaine Brialmont). — Pontons avec carcasses (système de l'ingénieur maritime Guiette).

24ᵉ ʟᴇçᴏɴ. 4° *Barrages flottants.* — Barrages en chaînes des anciens ; — ex. : port d'Ancône (1860). — Projet de chaînes et pontons de l'ingénieur Clément pour l'Escaut (1701). — Chaînes Brunton; — leur résistance. — Dispositif de chaînes obliques du capitaine Ablay; — insuffisance de ces barrages. — Système de pontons armés de la Commission anglaise (1856). — Système du capitaine Coles; — utilité des filets flottants; — observations du capitaine Buchanau sur les propriétés attractives des propulseurs en hélice. — Barrage flottant du capitaine Piron. — Radeaux flottants du colonel Von Scheliha. — Estacades flottantes construites en Amérique; — avantages des barrages multiples. — Barrages en filin de Charleston.

Barrages mixtes. — Siége de Tyr. — Siége d'Anvers (1584). — Siége de La Rochelle (1627).

Mines marines : 1° *Brûlot.* — Historique : — supériorité des Flamands dans la préparation des brûlots; — ex. : combat de Zirickséé; — brûlots d'Anvers, contre le barrage du duc de Parme (1584); — brûlot de La Rochelle (1626); — de Duquesne (1676); — de Renau (1682); — de Boulogne (1804); — brûlots grecs (1821). — Inflammation des brûlots par l'électricité, projet du colonel Verdu; — application dans la Baltique et la mer Noire (1856). — Opinion du général Picot sur les charges à l'air libre ; — application : — brûlot contre Gaëte ; — brûlot contre le fort Fisher ; — résultat.

25e LEÇON. 2° *Mines flottantes*. — Leur emploi à la destruction du pont de Neuwied (1795). — Brûlot de campagne de Reveroni ; — brûlots contre les ponts du Danube (1814) ; — dispositions diverses pour l'inflammation. — Pétards flottants de Buschnell (1777) ; — perfectionnements de Fulton ; — les catamarans de Fulton, à Boulogne (1801) ; — torpille de guerre (*torpedo of war*) de Fulton : — torpille à harpon, — double torpille à ligne d'accouplement ; — expérience de Boulogne (1805) ; — de Walmer Castle. — Globes de compression marins. — Catamarans de Paixhans dirigés par des fusées. — Torpilles accouplées d'Amérique ; — dispositif d'inflammation à hélice. — Manière de combattre les torpilles. — Fusées à dynamite. — Tentatives pour créer des torpilles-automatiques à air comprimé.

3° *Pétards marins*. — Bateaux sous-marins de Buschnell (1777). — Nautilus de Fulton (1815) avec armement de colombiades submergées. — Plongeurs Payerne et Bourgeois. — Davids, diables, picket-boats, rams ou pétards marins d'Amérique; — description; — applications : — destruction du Minoseta. — Bateau-cigarre de Charleston. — Béliers cuirassés, système Wood : — destruction de l'Albermale. — Bateaux sous-marins; — leurs défauts; — tentatives contre le Housatonic.

4° *Mines dormantes.* — Appareil Jacoby (1855). — Système Du Moncel. — Système autrichien du colonel d'Ebner. — Torpilles de Lissa. — Toposcope de l'archiduc Léopold. — Système du capitaine Dupont, — du colonel Carrette. — Torpilles américaines de Singer; — inflammation à volonté; — méthode des observations croisées; — emploi de la chambre obscure. — Application à la défense du St-John river. — Barils de Charleston; — inflammation automatique; — application à la défense du Roanoke. — Manière de les combattre. — Pilots et charpentes armées (Cribworks; — application à la défense de Charleston.

26° LEÇON. 5° *Mines submergées.* — Batteries submergées de Jean Bureau à Cherbourg (1448). Batterie sous-marine de Reveroni. — Pétardement de navires sous l'eau, exécuté par les Anglais ; — invention de la Scaphandre. — Projet du colonel Verdu pour la défense de rivières ; — application au barrage de Bediansk (1855). — Mines submergées du capitaine Maury dans la guerre d'Amérique ; — destruction du Commodore John. — Règle pour le calcul des charges.

Conclusions sur l'emploi des mines marines à la défense des rivières.

Chapitre IV. — Construction et réparation.

Exemple de canaux ouverts pendant la guerre : — canal du Rhin à l'Yssel, exécuté par les Romains ; — attaque de Leyde par Boissot (1574) ; canal de Parme à Anvers (1585) ; — attaque de l'île n° 10 par le commodore Foot (1862) ; — attaque de Wicksburg, par le général Grant (1863).

Travaux de canalisation divers : — restauration de l'écluse de Romaneh ordonnée par le général Bonaparte, en Égypte ; — barrage construit à Raab (1809) ; — barrage de la Rivière Rouge (1862) ; — pirs du Potomac (1864), — jetée construite pendant l'expédition d'Abyssinie.

Chapitre V. — Personnel.

Compagnies galvaniques en Russie. — Corps de torpilleurs en Amérique. — Utilité de l'organisation d'un service de défense des rivières ; — proposition à ce sujet.

QUATRIÈME SECTION

PONTS

CHAPITRE Ier. — DESCRIPTION

27e LEÇON. — *Définitions : — Passerelles ; — ponceaux ; — ponts ; — viaduc ; — aqueduc ; — pont-canal. — Pont droit, — oblique ou biais. — Rectiligne, — curviligne. — Pont dormant ou fixe, — pont mobile.

1° *Ponts en pierre*. — Ponts antiques en plate-bande ; — ex. : pont de Loyang à Fo-Khien en Chine ; — piles ; — arches. — Formule de résis-

---

[1] Cette partie du cours, faute de temps, a subi de notables réductions. Elle forme d'ailleurs, en partie, double emploi avec le *cours de pont* donné par le professeur d'artillerie. On s'est borné à quatre leçons formant la matière indiquée par un astérisque. Dans l'intérêt de l'enseignement, il reste à examiner s'il ne serait pas avantageux de réunir les deux cours en un seul, ainsi qu'on le fait à Berlin.

tance des piles. — Emploi de la voûte en plein cintre par les Romains ; — ex. : pont de Salaro sur le Teverone près de Rome (an 600 av. J.-C.) ; — pont de Trajan sur le Danube (pont militaire, an 120). — Pont en ogive des Goths ; — ex. : pont de Spolète sur la Maragia (an 741) ; — défauts des ponts surhaussés ; — ponts à noues ou tympans évidés ; — leur utilité ; — ex. : pont de Mamméa sur le Teverone près de Rome ; — pont de Pavie ; — ponts à galerie couverte. — Ponts surbaissés ; — ex. : pont de Vicence ; — pont du Rialto à Venise ; — pont de Marbre et pont de la Sainte-Trinité à Florence. — Emploi de la voûte en anse de panier ; — ex. : pont de Vérone ; — but des parapets ou garde-fous crénelés ; — tracé de l'anse de panier. — Les ponts en France au XIIe siècle ; — association religieuse des *frères du pont*. — Formule du capitaine Petit, pour le calcul de la résistance des voûtes ; — formules du commandant Chassenat, — du lieutenant Rossel, — de Leveillé. — Pont à étages ; — ex. : pont de Maintenon à Versailles. — Détails des ponts : — avant-becs ; — arrière-becs ; — intrados ; — extrados ; — naissance ; — clef ; — reins ; — trottoirs ; — garde-corps ; — encorbellements.

28ᵉ Leçon. *2° *Ponts en bois.*—Type des ponts anciens : pont de Sublicius à Rome (construit par les chefs de la religion ou *pontifes,* an 616 av. J.-C.); — caractère militaire de cette construction selon Pline; — supports; — piles ou palées; — superstructure. — *Supports* : formule de résistance des palées; — détails de construction; — brise-glace; — hautes et basses palées; — chapeau; — semelle; — moise et pièces d'écharpe; — ex. : viaduc de Haut-Portage. — *Superstructure :* — *Ponts sur longeron;* — avec plancher ou pavés; — pièces de pont. — Formule de résistance des poutres; — limite des charges; — poutre de plus grande résistance ; — poutre d'assemblage ; — assemblage à endentures, — à clef ; — solides d'égale résistance ; — poutres armées ; — ex. : pont de Wendiport. — *Ponts sur ferme :* — encorbellements ou sous-poutres; — contrefiches ou esseliers; — moises; — fermes; ex. : pont de Bassano sur la Brenta; — de Sainte-Claire sur le Rhône; — des colonies russes (Emy). — Ponts sans palées; ex. : ponts de Westwood et de Cornwall en Amérique. — Ponts en croix de Saint-André. — Ponts sur arcs; — système de Philibert de Lorme; — système du colonel Emy;

ex. : Pont à arc en dessous d'Ivry. — *Pont sur poutre de rive :* — système Palladio ; ex. : pont de Cismone. — Système en pendentif ou de Grubman (Hangwerk ou Bowstring); ex. : pont de l'Aar; — pont de Zurich. — Système de Wiebeking ou arc en dessous; ex. : pont de l'Ain; — pont de Custrin sur l'Oder; — pont de Trenton sur le Delaware. — Système Laves. — Système Town, dit américain ou à treillis; ex. : pont des cataractes de James River (type dit pont en dessus); — pont de l'Opégnon (type dit pont au dessous). — Formule de résistance des poutres. — Système Long. — Système Howe; ex. : pont de Chikapoë dans le Connicticut. — Système Burr; ex. : pont de Colossus à Philadelphie; — pont de Will's Creek.

3° *Ponts flottants.* — Bacs; — passe-cheval. — Va-et-vient; — traille; — théorie; — pont volant. — Ponts de bateaux; — leur emploi sur le Rhin; — description de leurs parties; — portières. — Application des ponts flottants aux chemins de fer : — Bacs pour chemins de fer (ferry-boats) du Rhin. — Pont de bateaux de Maxau.

29° LEÇON. 4° *Ponts en fonte.* — Conseillés en

France par Desaglier, en 1719 ; — appliqués en Angleterre en 1773 ; — pont de Severn fabriqué dans l'usine de Coalbrookdale ; — système de voussoirs à claire voie ; — appliqué par Lemandé en 1800 au pont d'Austerlitz, à Paris. — Ponts sur arc ; ex. : pont de Southwark à Londres ; — système d'arcs creux ; ex. : pont du Carrousel à Paris. — Formule de résistance des arcs de Chassenat. — Pont à arc au dessus ; ex. : pont de Birmingham ; — viaduc de Newcastle. — Emploi du fer sous forme de poutre en T, à nervure recommandé, par Boulton et Watt en 1801 ; — longerons ou poutres d'assemblages ; — formule de résistance ; — assemblage en Sandwich ; — assemblage Kourlek ; — application au pont du chemin de fer de Londres à Birmingham ; — aux ponts du chemin de fer de Furnes à Lichtervelde. — Détails d'assemblages ; — disposition du tablier pour chemin de fer.

5° *Ponts en fer.* — Poutres en fer laminé, — en tôle, — poutres creuses, — poutres en treillis, — en croisillons, — triangulaires (système Warren), — poutres gaufrées ; — mode d'assemblage ; — formule de résistance ; — application au pont de l'Eypel, — au pont de Dirchau. — Pont sur poutre; ex. : ponts du chemin de fer de Charleroi; — ponts du chemin de fer du Nord. — Ponts sur poutres de rive; ex. : pont de Bordeaux; — pont de Langon, — pont de l'Aar. — Ponts tubes; ex. : pont Britania. — Pont pendentif ou bowstring; ex. : pont de Saltasch (système Pauli); — pont de Gros-Achen; — pont de Neuwark (système Warren).

6° *Ponts suspendus.* — Origine des ponts suspendus : — tarabite des Indiens; — pont hamac du Pérou. — Pont suspendu au dessous ou pont de corde sur chevalet. — Pont suspendu au dessus, — pont à chaînette ou sur paraboles. — Pont suspendu mixte. — Ponts à travées successives. — Théorie du polygone funiculaire; — tracé. — Formule de résistance. — Forme des chaînes; — ganses en fil de fer; — supports; — ancrages. — Applications : — pont de Fribourg, suspendu au dessus; — pont de Langon sur la Dordogne, suspendu au dessous; — pont de Harper sur le chemin de fer de Baltimore à l'Ohio; — pont du Niagara pour chemin de fer.

Chapitre II. — Destruction.

30ᵉ ʟᴇᴄᴏɴ. — *Cas où la destruction doit être ordonnée à la guerre; — danger des destructions prématurées; ex. : pont de Leipzig; — cas où la destruction est inutile; ex. : pont du chemin de fer de Bazeilles. — Principe des destructions graduées; — utilité de préparer les dispositifs de destruction de longue main; ex. : pont de Sublicius des Romains. — Ponts à travées mobiles; ex. : pont de Kehl; — fourneaux de mine. — *Destructions superficielles :* — replier un pont de bateau par quart de conversion; — ouvrir une travée mobile; ex. : pont de Kehl (1870); — abattre les garde-fous; — barricades; — enlever le tablier; ex. : pont de Fulda (1866). — *Destructions complètes.* — *Ponts en bois :* — incendie; ex. : pont du Potomac; — pont de Riesa; — scier les poutres; — sciage partiel; ex. : pont de Goëttingen (1866). — *Ponts en fer :* — déboulonnage; ex. : pont de Flize (1870); — renversement au moyen de rouleaux. — *Ponts en maçonnerie :* — démolition à la pioche; — démolition par la mine; — calcul de la charge; — charge bourrée; — charge à l'air libre; — utilité d'at-

taquer plusieurs arches à la fois; ex. : pont de
Dresde (1813); — charge sur la clef; — sur les
reins; — sous la clef; ex. : pont de Leipzig (1813);
— emploi du baril foudroyant; — de la dynamite; — destruction des piles, chambres de mine;
ex. : pont de Magenta; — avantage d'attaquer
à la fois les piles et la voûte; ex. : pont de Dresde
(1813); — danger des mines chargées de longue
main; ex. : viaduc de Dannemarie (1870); —
énergie nécessaire à l'officier chargé de la destruction; ex. : pont de l'Elster (1813); — pont
de Spitz (1805). — *Destruction à distance :* —
par l'artillerie; — par des bois flottants; — par
des bateaux chargés de matières combustibles;
ex. : pont de la Sieg (1795); — par du pétrole
flottant; — par les brûlots; ex. : pont d'Ebersdorf
(1809).

CHAPITRE III. — CONSTRUCTION ET RÉPARATION.

31ᵉ LEÇON. — * Distinction entre les ponts d'équipage et les ponts improvisés. — Caractère distinct
des constructions à effectuer : — passage d'eau
(hommes isolés); — ponts d'avant-garde (infan-

terie, cavalerie, artillerie en petites masses) ; — ponts improvisés (grandes masses de troupes, trains des équipages, chemins de fer).

§ I. *Passages d'eau : 1° Passage à la nage.* — Infanterie ; — compagnies de nageurs ; — ex. : passage de la Linth (1799) ; — passage de Torde-villas (1812) ; — de la Néthe (1792) ; — précautions à prendre. — Cavalerie ; — proposition du chevalier de Folard pour former un corps de partisans de cavalerie ; — passage du Rhin (1692). — Artillerie ; — passage de Necker (1743) ; — passage du Rummel (Constantine, 1837). — Bateaux d'osier des anciens ; — radeaux.

2° *Bacs-traille; ponts volants.* — Organisation au moyen du matériel d'équipage. — Bacs ; — passage du Rhin (1796) ; — manière de passer les chevaux, — passage de l'île Cadsand (1708). — Traille ; — cas où on peut les employer ; — passage du Douro (1809). — Ponts volants ; — passage du Rhin à Neuwied (1795) ; — passage du Pô (1859).

3° *Passerelles.* — Arbres renversés en travers de la rivière ; — manière de les lancer. — Passerelle flottante : — passage de Buffalora (1859) ; — passage de Remilly (1870). — Tarabite : —

passage de Wellington sur le Douro à Mirandole
(1813) ; — son emploi pour passer l'artillerie.

32ᵉ LEÇON. § II. *Ponts d'avant-garde : 1° Pont
sur poutre*. — Réparation d'une arche en maçonnerie rompue ; — calcul des poutres ; — infanterie, — cavalerie, — artillerie; — établissement
du corps mort ; — clamaudage ; — remplacer une
palée ; — pilots entés ; — ex. : pont du Mincio
(1859). — Levage des poutres : — sur rouleaux
ou sur chariots ; — par les écoperches ; — à la
chèvre ; — par le traînage au câble. — Établissement du tablier.

2° *Ponts sur ferme*. — Dispositif de Murcella
(1811). — Dispositif à encorbellement; — moyen
de le consolider : — contre-fiches; — sous ponceau.
— Dispositif sur poutres de rive; ex. : pont de
Duenas (1811). — Dispositif sur poutres en croix
de Saint-André; ex. : pont de l'Agueda; — pont
de Puente del Pinhel; — pont d'Almeïda; — procédé de levage. — Pont pliant d'équipage du
maréchal de Saxe. — Pont à la Congrève. — Pou-
treplancher du commandant Fabré ; — plancher armé.

3° *Ponts sur chevalets*. — Forme des chevalets

ordinaires ; — méthodes pour les lancer : — poutrelles en rampe, — poutrelles sur rouleaux ; — radeaux. — Ex. : passage de la Beresina (1812) ; — passage de l'Agueda (1812) ; — passage de la Sprée (1813). — Avantages des ponts sur chevalets ; — défauts du chevalet ordinaire ; — chevalet Birago ; — chevalet Pirain ; — chevalet belge ou Thierry ; — manière de l'improviser.

33e leçon. 4° *Ponts roulants*. — Voiture du matériel Gribeauval (1761) ; — pont improvisé au moyen de chariots ; ex. : passage de la Fluvia (1823). — Pont anglais pour l'expédition de Walcheren (1809). — Chevalets roulants (système du général Congrève).

5° *Ponts de bateaux*. — Ancienneté de l'usage des bateaux d'équipages ; — armées de Charles le Téméraire, — des princes de Nassau ; — équipage léger de Gribeauval. — Forme des bateaux ; — ancrage ; — pontage ; — détails d'exécution. — Ponts par bateaux successifs ; — par parties ; — par portières ; — par quart de conversion. — Ex. : pont du Danube (1809). — Bateaux avec chevalets.

6° *Ponts flottants : — Pont de jonc* de Freytag

(1640). — *Pont en fascinage* de Philipsbourg (1734) ; — construction des tunages ; — calcul des dimensions. — *Radeaux en bois flottants ;* — trains de bois flottants du Rhin ; — pont de Béthune (1710) ; — conditions d'équilibre ; — application à Sébastopol (1855).

Ponts en radeaux ou tonneaux. — Forme des radeaux ; — mode de construction ; — lancement ; — pontage ; — conditions d'équilibre. — Ex. : pont de Borgoforte (1807). — Radeaux d'équipage de Saint-Remy ; — pontons anglais en cuivre ; — caisses en bois ; — outres en peau ; — en caoutchouc ; — matériel Perry pour équipage.

34ᵉ LEÇON. 7° *Ponts suspendus.* — Emploi des ponts de cordages dans les guerres anciennes. — Pont sur chaînette : — pont pour l'armée de Portugal du capitaine Tirlet (1810) ; — passage de l'Adour (1814) ; — calcul de la résistance des câbles ; — pont-hamac du colonel Sturgeon ; — passage d'Alcantara (1810) ; — pont anglais en fer feuillard de Jones. — Pont sur parabole : — détails d'exécution ; — tracé ; — calcul des résistances ; — matériel d'équipage français.

8° *Ponts digues.* — Sur gabions debout ; —

sur buses de gabions ; — application au siége
d'Anvers (1832).

§ III. *Ponts improvisés* : 1° *Ponts en maçonnerie*. — Avantage de ces ponts ; mode d'exécution proposé par le lieutenant Rossel.

35ᵉ LEÇON. *2° *Ponts en bois*. — Avantage du
bois pour la construction des ponts militaires ;
— construction à petite ou à grande portée ; —
cas où il faut se décider pour l'un ou l'autre de
ces modes de construction. — *Des supports* : —
avantages des supports flottants ; — moyen de les
appliquer aux ponts de chemin de fer ; — calcul
des dimensions ; — dispositif conseillé par le lieutenant Rossel. — Emploi des ferryboats. —
Supports fixes ; — calcul des dimensions ; — mode
d'établissement : — sur semelles ; pont de Charleroi (1848) ; — sur coffrage ; pont d'Orcha ; —
sur enrochements, — sur chevalets à étage ; pont
de Dresde ; — sur palées à étages supposés ; pont
de Potomac-Creek (1862) ; — mode de construction de ce pont ; — habileté des Américains dans
ce genre de travaux ; ex. : pont des Barrières du
diable sur le chemin de fer du Pacifique ; — imi-
tation de cette construction par les Allemands ;

pont de Riesa (1866). — Pont sur pilots; — pont
du Rhin de César; — battage des pilots; — pilots
à champignon; — pilots à vis; — modèle proposé
pour les équipages.

36° LEÇON. *Superstructure.* — Poutres armées;
— poutres jumellées au moyen d'ais; — poutres
formées de rails en sandwich; — poutres en
planches, système Blumensthil. — Ponts en treillis; — calcul de résistance des poutres; — formule empirique de Rossel; — mode de levage
des poutres. — Exemples divers de poutres en
treillis : — système Town; — système Howe; —
système Polignac; — système Anderson.

3° *Ponts en fer.* Formule empirique de Rossel; — emploi des rails et fer en T. — *Supports :*
— supports en rails debout; — mode d'assemblage; — supports en rails Barlow. — *Superstructure :* tablier en rails parallèles; — poutres en
rails jumelées; — treillis en rails.

CHAPITRE IV. — PERSONNEL.

*Inconvénient de la division du service des
ponts entre le génie et l'artillerie; — origine de

ce système imité de l'organisation française ; — organisation allemande ; — nécessité d'attribuer tous les services des ponts au corps du génie. — Matériel d'avant-garde pour les compagnies divisionnaires du génie.

CINQUIÈME SECTION.

DE LA TÉLÉGRAPHIE.

Chapitre Iᵉʳ. — Télégraphie électrique.

37ᵉ leçon. § I. *Historique*. — Origine de la télégraphie électrique; — premières applications en Angleterre et aux États-Unis (1837); — introduction en Belgique (1845). — Projet d'application militaire du major Fallot (1843); — appareil militaire de Breguet (1851); — appareil de Hipp (1854); — essai du télégraphe électrique au camp de Lintz (1854). — Le télégraphe électrique en Crimée; — organisation du service télégraphique militaire en Angleterre; — son importance stratégique. — Services rendus par le télégraphe en Kabylie (1857); — dans la guerre de l'Inde, — du Maroc, — d'Italie (1859 et 1860), — au siége de Gaëte. — Progrès réalisé par les Italiens; — application dans la guerre du Schleswig (1863), — de Bohême (1866), — d'Amérique ; — Franco-Allemande. — Rôles divers accomplis par le télégraphe.

§ II. *Description*. — Courant électrique ; — ses manifestations physiologiques et chimiques ; — application : essai de télégraphe chimique de Soemering (1811) et de Cavallo (1795). — Dérivation des courants ; — isolateurs ; — courant tellurique ou terrestre ; — manipulateurs. — Alphabets conventionnels ; — système Dejardin, — système Morse ; — applications à la transmission des signaux. — Télégraphe sensible ou électro-physiologique ; — le télégraphiste Ellsworth. — Télégraphe électro-chimique ; — système Bain. — Pantélégraphe ; — système Caselli. — Typo-télégraphe ; — système Borelli.

38ᵉ ʟᴇçᴏɴ. — Électro-magnétisme ; — effets mécaniques qu'il produit. — Télégraphe à cadran simple ; — télégraphe à cadran avec mouvement d'horlogerie. — Télégraphe parleur. — Télégraphe écrivant ; — système Morse. — Télégraphe imprimeur ; — système Hughes. — Télégraphe à aiguille ; — son alphabet spécial.

Des appareils. — Organisation d'un bureau

télégraphique : — appareils contrôleurs ou gal-
vanomètres; — manipulateurs; — sonneries; —
commutateurs; — paratonnerres.

39e LEÇON. *Des lignes.* — Mesure du courant;
— voltamètre; — boussole de tangente et boussole de sinus. — Lois de Pouillet; — formules de
Oom; — fil réduit; — rhéostats. — Lignes ram-
pantes; — nécessité de fils avec enduit isolant. —
Lignes aériennes ou suspendues : — isolateurs,
poteaux et supports; — tendeurs; — choix du
métal des fils. — Discussion sur les avantages des
deux systèmes de lignes; — théorie des dériva-
tions ou pertes de courant. — Des relais : —
relais simple; — relais double.

Des bureaux. — Leur installation : — mode de
transmission des dépêches; — sonneries d'appel;
— invitation à transmettre; — préambule; —
rectification des erreurs; — mesures de police
pour le service des bureaux et des lignes.

40e LEÇON. § III. *De la télégraphie militaire :
Appareils.* — Poste militaire; — discussion sur
le système d'appareil à préférer : — avantage du
système Morse. — Appareil belge (système

Digney) : — manipulateur ; — récepteur ; — mouvement d'horlogerie ; — relais ; — galvanomètre ; — paratonnerre. — Pile ; — discussion sur les avantages relatifs des appareils magnéto-électriques et des piles ; — pile De Vos. — Commutateur. — Sonnerie. — Bornes ; — piquet de circuit.

Lignes. — Câbles : — piquets de câbles ; — clous à crochets. — Fils : — lances ou poteaux ; — clous à tige ; — isolateurs. — Joints. — Discussion des avantages des lignes de câbles et des lignes de fils. — Bobines ; — camion porte-bobines. — Outils divers pour l'établissement des lignes : — haubans et piquets de haubans ; — échelles ; — plantoirs ; — amorçoirs ; — pinces ; — poche et sac de travail ; — poignée de cuir.

Voitures. — Voiture autrichienne. — Voiture du modèle belge : — voiture poste ; — chariot de câble ; — chariot de fils ; — chariot d'atelier ; — voiture poste central. — Poste-volant ; — bat pour transport à dos de mulet ; — tente ; — crochets pour transport à dos d'homme.

Service des lignes. — Établissement d'une ligne de fil ; — d'une ligne de câble ; — relèvements ; — distribution des ateliers ; — durée.

Service des postes.

§ IV. *Destruction des lignes.* — Règles adoptées en Allemagne pour les démolitions de lignes. — Poteaux voleurs.

Chapitre II. — Télégraphe aérien [1].

41ᵉ leçon. § I. *Historique.* — Le télégraphe connu des anciens : — signaux de guerre des Grecs ; prise de Troie ; — des Carthaginois ; siége de Capoue ; — des Gaulois ; guerres de César, — des Romains ; colonne Trajane ; —système d'Énée, de Tacticien ; — système de Cléoxène et Démoclite ; — signaux de marine. — Travaux d'Amontons, — de Claude Marcel, — de Linguet, — de François Dupuis. — Perfectionnements de Claude Chappe.

§ II. *Description :* 1º *Télégraphe visuel.* — Système de Chappe ; — nombre de signaux ; — vocabulaires : — système ternaire et numéral ; — télégraphe de l'administration française ; — vitesse de transmission des dépêches. — Télégraphe militaire d'Afrique. — Télégraphe militaire du

---

[1] Faute de temps, les 41ᵉ et 42ᵉ leçons ont été condensées en une leçon.

colonel Pasley, dit télégraphe universel. — Système de châssis à volet d'Edelcrantz et Playfair; appareil à transmission successive et appareil à transmission simultanée; — appareil à volets du polygone de Schœburyness. — Système de cônes mobiles de Blanshard et Redel; — appareil des lignes de Torrès Verdras. — Essais d'appareils mobiles sur voitures faits en Autriche. — Télégraphes vivants : — essais du colonel Boucheroeder; — signaux au moyen de drapeaux de MacDonald et de Perronet-Thompsom; — système au moyen de disques du capitaine Van den Bogaert. — Code de signaux de marine Reynold. — Application de l'alphabet Morse aux signaux militaires par Bolton et Coulomb; — appareil portatif anglais; — tambours et cônes compressibles. — Appareil optique autrichien; — alphabet du colonel d'Ebner.

42ᵉ LEÇON. 2° *Télégraphe lumineux*. — Difficulté des transmissions de signaux de nuit; — études sur le système d'éclairage des phares : — réflecteurs paraboliques; — lampe d'Argand; — lime-light ou lumière Drummond; — travaux de Fresnel; — lumière caloptrique et dioptrique; —

lumière électrique; — lampe Locatelli; — appareil de Léon Foucault; — régulateur Serrin; — machine Nollet. — Sémaphores; — bouées lumineuses. — Appareils militaires : — appareil optique autrichien; — télégraphe universel Pasley; — éclairage : — pétrole; — régulateur Serrin; — gaz portatif; — système Bolton, lampe Drummond et lampe à oxigène; — lampe Sabine; — lampe au magnésium de Salomon. — Réflecteur d'Ebner; — lentille Vignotti. — Applications au siége de Kinburn; — de Gaëte; — de Charleston; — de Paris. — Fusées simples; — fusées de couleurs; — fusées à parachutes.

3° *Télégraphe solaire* : Héliographe Leseurre; — photo-télégraphe de Hisnop.

4° *Téléphonie* : Travaux de Sudre; — signaux au clairon, — au tambour, — au canon; — téléphone.

5° *Télégraphe acoustique* : Projet de Jobard; — application militaire proposée par le major Fallot.

6° *Télégraphe calorifique* : Projet de l'abbé Moigno.

7° *Télégraphe hydraulique* : Projet de Jobard. *Discussion sur les applications militaires :* —

Nécessité d'un système rationnel ; ex. : siége de Lucknow ; — diagramme Ward ; — défaut des alphabets et vocabulaires multipliés ; — avantages du système alphabétique Morse ; — ses défauts ; — secret des signaux ; — danger de modifier les conventions télégraphiques à la guerre ; ex. : siége de Sébastopol ; — manière d'assurer le secret de la correspondance ; — cryptogrammes.

CHAPITRE III. — TÉLÉGRAPHE DE CHEMIN DE FER.

43ᵉ LEÇON. — *Signaux à main* : — Trompes, — cloches ou cornets, — drapeaux, — lanternes, — boules à pétard. — Leur emploi ; — signaux avertisseurs ; — protecteurs ; — indicateurs des trains.

Signaux fixes : — Disques à écran ou à éclipse, — sifflet, — télégraphe optique, — sémaphores.

Signaux à distance : — Appareil à contre-poids pour la transmission du mouvement au signal ; — appareil à compensation. — Trembleur électrique indicateur des trains.

Chapitre IV. — Personnel.

Rôle du télégraphe aux armées; — manière d'assurer les relations des corps entre eux et avec la base d'opération; — nécessité d'un service basé sur l'emploi simultané du télégraphe électrique et aérien; ex. : siége d'Atalanta, — attaque de Savannah, — siége de Paris. — Importance du service télégraphique militaire; ex. : Guerre d'Italie, — guerre d'Amérique, — guerre franco-allemande. — Organisation du service télégraphique d'une armée; — service divisionnaire; — service du grand quartier-général; — réserve; — service des étapes; — relations avec le service civil.

SIXIÈME SECTION.

44e LEÇON. — *Historique :* Premières ascensions aérostatiques ; — projet d'application militaire de Giroud de Vilette ; — travaux du général Meusnier ; — création de l'école aérostatique de Meudon par Coutelle ; — organisation de l'équipage aérostatique de la République ; — bataille de Fleurus et campagnes du Rhin. — Expéditions militaires des aérostiers ; — leur suppression (1798). — Emploi des ballons comme appareil de signaux, — comme appareil incendiaire, Venise (1849), — comme appareils éclairants, système Martin de Brette. — Expériences sur les ballons captifs employés aux

---

[1] Faute de temps, cette partie du cours n'a pas été donnée aux élèves. Les leçons de la 44e à la 47e ont été supprimées.

reconnaissances : — campagne d'Italie, — guerre d'Amérique, — siége de Paris. — Équipage aérostatique de l'armée de Mac-Clellam, bataille de Fair-Oakes. — Expériences d'Aldershoot (1862); expériences en Autriche ; — projet de Mayerhofer. — Discussion sur l'emploi des Charlières et des Mongolfières. — Emploi des ballons libres à Paris (1870).

Ballons libres. — Calcul de la force ascensionnelle d'un ballon. — Mode de construction. — Appareils d'observation, — de sûreté. — Observations sur la marche des ballons ; — expériences du siége de Paris.

45ᵉ Leçon. — Tentatives pour diriger les ballons ; — travaux de Guyton Morveau ; — de Blanchard ; — de Meusnier ; — de Petin ; — de Giffard ; — de Dupuy de Lome. — La possibilité de diriger d'une manière certaine la marche d'un ballon est peu probable ; — cette recherche paraît peu utile au point de vue militaire ; — elle exigerait en tout cas des appareils trop coûteux. — Le siége de Paris démontre qu'on peut apprécier la direction probable du ballon abandonné à lui-même ; — des courants aériens ; — utilité de leur étude au point de vue militaire. — Ballons montés et non montés.

Ballons captifs : — Calcul des conditions d'équilibre du ballon; — dangers de ces ascensions; — essais tentés pour les atténuer : — projet de Trenson. — Mode d'observations adopté à Paris. — Essais de levers photographiques aériens; — projet américain.

SEPTIÈME SECTION

Chapitre Iᵉʳ. — Postes.

46ᵉ Leçon. — *Historique*. — Cyrus organise le service des postes ; — postes romaines ; — direction du service des postes françaises confié à l'Université de Paris sous Philippe le Bel ; — Roger de la Tour et Taxis maître général des postes de Charles-Quint ; — sous Henri IV la poste devient un service d'État. — Service de postes de campagne établi dans l'armée de Wallenstein. — Son organisation dans l'armée française sous Napoléon (1805). — Organisation belge (1831). — Organisation américaine pendant la guerre de la sécession. — Organisation des Allemands pen-

---

[1] Faute de temps, cette partie du cours n'a pas été donnée aux élèves. Le service des postes a été décrit dans le cours d'administration militaire.

dant la guerre de 1870 ; — importance de ce service. — Utilité de combiner le service des postes avec le service de la télégraphie. — Projet d'organisation.

Chapitre II. — Extra poste.

Moyens divers appliqués pour suppléer au service régulier des postes en cas d'interruption, telles que celles qui se produisent dans les siéges : — Piétons ; — chiens ; — nageurs ; — scaphandriers ; — récipients flottants. — Correspondance par pigeons ; — conditions de succès ; — colombiers militaires ; — dépêches microscopiques de Dagron. — Expériences faites au siége de Paris.

Chapitre III. — Imprimerie de campagne

Utilité d'un service d'imprimerie militaire : — impression des ordres, — des plans. — Organisation adoptée dans l'armée d'Égypte ; — dans l'armée d'Alger ; — dans l'armée d'Italie (1859) ; — dans les armées américaines ; — par qui ce service doit être dirigé.

Chapitre IV. — Principes élémentaires de sténographie.

47ᵉ Leçon. — Des divers genres d'écritures ; — avantages des écritures rapides dans les services militaires. — Cette étude complète celle de la télégraphie militaire. — L'art tironien chez les Romains ; — le Short-hand des Anglais sous Charles Iᵉʳ ; — cryptographie. — Travaux de Samuel Taylor (1788) ; de Conen de Pépéan ; — de Prévost.

Orthographie : — considérations générales ; — orthographe phonétique.

Cryptographie : — des signes rapides — leurs combinaisons pour former des lettres et des mots.

DEUXIÈME PARTIE

DEUXIÈME ANNÉE

HISTOIRE DE LA FORTIFICATION (POLYORCÉTIQUE)

INTRODUCTION

48ᵉ Leçon. — Importance de l'étude de la fortification pour les officiers d'état-major en Belgique. — Méthode d'enseignement adoptée. — Naissance de l'art au moment du passage des peuples de l'état de pasteur à celui de laboureur; — nécessité d'abris pour les récoltes. — Abris naturels; — leurs caractères passifs; — cavernes de l'homme primitif; — sillos d'Afrique. — Abris artificiels devenus indispensables avec la naissance du commerce d'échange; établissements créés sur les voies de communication; — caractère de défense active.

But de la fortification. — Ses formes varient avec le site, — les armes. — Divisions du cours.

PREMIÈRE SECTION

Caractères principaux des éléments de l'art défensif :

1° Abris sur les hauteurs : — murs en pierres sèches : — ex. : le Teutberg ; — escarpements ; les camps de l'homme primitif en Belgique : — ex. : l'Hastedon à Namur ; — forts vitrifiés ; — ex. : Château de Knock Farril et de Craig Pharadeck en Écosse. — Ces fortifications se retrouvent chez les peuples sauvages.

2° Abris dans les marais : — le fossé ; — abris insulaires ; — ex. : Paris, Lyon, Anvers ; — habitations lacustres ou palafittes ; — ex. : lac de Zurich. — Exemples divers dans l'antiquité ; — chez les peuples sauvages.

3° Abris dans les plaines ; — enclos de haies ;
— palissades. — Exemples divers dans l'antiquité ; — chez les sauvages. — Forme des palissades et palanques d'après les inscriptions cunéi-
formes de Thèbes.

Caractère stratégique des anciennes positions
fortifiées : — ex. : Hastedon, — Furfooz, —
Poilvache.

Éléments principaux du profil : — l'escarpe ou
obstacle passif ; — le fossé ; — la palissade-abri ou
obstacle actif. — Importance du commandement
pour utiliser la puissance de chute des projectiles.
— Profil gaulois ; — profil hongrois (Kolaï) ; —
palanques remparées ; — retranchements ; — ex. :
temple d'Osymandrias ; — les heppahs de la Nou-
velle-Zélande ; — Vellum des Romains ; — ses
formes. — Définitions. — Idée du défilement ; —
défilement intérieur ; — défilement extérieur ; —
défilement horizontal, ex. : fort de Tabasco. —
Éléments d'un projet de fortification : — orthographie ; — ichnographie ; — stéréographie ; —
scénographie.

Description d'un camp primitif : — Château
du Fays à Jemelle.

Attaque et défense. — Les armes : — massue ;

— arc ; — fronde ; — limite du jet. — Attaque de vive force : — emploi des pavois ; — des échelles ; — de la tortue ; — du bélier ; —moyens de les combattre.

DEUXIÈME SECTION

FORTIFICATION ANTIQUE

(JUSQU'EN L'AN 475)

49ᵉ Leçon. — *Profil :* — But des murs ; — mode de construction. — Construction cyclopéenne ; ex. : Pæstum ; — gauloises ; — maçonneries cimentées ; ex. : Babylone ; — maçonneries en bossages ; — maçonneries en arêtes de poissons des Romains ; leur but. — Hauteurs des maçonneries ; — épaisseurs ; — talus extérieur ; — voûtes en décharge (méthode Rhodiens) ; — murs de Carthage, — de Pompeï, — de Vitruve, — de Végèce. — Des masses d'appui ; — murs gaulois. — Revêtements. — Parapet : — parapet simple d'Anvers ; — parapet double de Pompeï. — Corridor couvert ; — son utilité en Égypte ; — dans le Nord. — Niches à embrasures ; — ex. : Syracuse, — Rome. —

Défense fichante et plongeante. — Fossé : — son
existence douteuse chez les anciens ; — cas où il
pouvait être utile. — Règles sur le profil du chevalier de Folard. — Contrescarpe ; — doutes sur
son existence ; — ex. : Pompeï, — Rome, —
Palerme. — Ante-murale.

Tracé. — Les places de l'antiquité ont le caractère de camps retranchés ou places de refuge ; —
leurs grandes dimensions ; — ex. : Babylone. —
Nécessité des tours ; — leurs formes variables ;
— importance qu'elles acquièrent dans la défense ;
— leur espacement. — Elles ne sont jamais utilisées pour le flanquement. — Des portes et
poternes ; — défense enveloppante. — Exemples
de tracé : — Carcassonne, — Rome. — La citadelle naît avec l'organisation du pouvoir despotique ; — son caractère politique et théocratique
en Égypte ; — conditions auxquelles elle doit
satisfaire. — Description des enceintes successives de Carthage.

Attaque et défense. — Les armes : — arc ; —
fronde ; — baliste ; — onagre ; — leur portée.

Attaque de vive force ou d'emblée. — Attaque
par surprises ; — ex. : Babylone. — Blocus ou long
siége ; — ex. : Troie. — Circonvallation et con-

trevallation ; — application au siége d'Alesia :
— leur profil; — cippi ; — scrobes ; — stunuli;
— pluteus; — règles que l'on peut déduire de ce
siége. — Attaque par industrie ou pied à pied ;
— habileté des ingénieurs grecs dans cet art. —
Mantelets ; — rideaux ou manteaux ; — vignes;
— tortues ; — manière de les manœuvrer ; —
couronne ; — corbeau démolisseur ; — sambuque ;
— pont d'assaut. — Ouverture des brèches par
le jet ; — rareté de ce mode d'attaque ; — ouverture par choc ; — bélier ; — kridochée ; —
tarière ; — tortue bélière ; — hélépole. — Mines
ou cuniculus ; — mode de construction. — Moyens
défensifs : — falariques ; — miroirs ardents ; —
contre-mines. — Retranchements ; — retirades.
Descriptiou du siége d'Avaricum par Jules-
César.

TROISIÈME SECTION

FORTIFICATION DU MOYEN AGE

(JUSQU'A 1430)

CHAPITRE Ier. — 1re ÉPOQUE. — DÉCADENCE
(475 A 1000.)

50ᵉ LEÇON. — Décadence de l'art en Occident, à l'époque de l'invasion des barbares. — Ses traditions se conservent en Orient et chez les Maures. — Dédain des Francks pour les ouvrages fortifiés ; — destruction des places romaines ; — ex. : tours de Drusus dans la vallée de la Meuse. — Les villas gallo-romaines ; — elles acquièrent le caractère de demeures féodales. — Efforts de Charlemagne pour restaurer l'art défensif : — les Atalaya. — Sous Charles le Chauve, les châteaux fortifiés deviennent des repaires de bri-

gandages. — Capitulaire de Pise qui ordonna
la démolition des châteaux fortifiés ; — il reste
lettre-morte et n'est pas exécuté. — Description
d'un château antique par Jean de Colomieu ; —
dessin de la tapisserie de la reine Mathilde ou
de Bayeux. — Type du château sur motte ; —
donjon ou manoir ; — chemise ou haie (hagas) ;
— ex. : Tour de Montlhéry. — Tour de garde
défendue par des chiens (xvᵉ siècle). — *Burght,
Hof* ou Cour ; — *voorburght, voorhof,* basse-cour
ou faux bourg. — Importance qu'acquiert le faux
bourg. — C'est l'origine de la plupart des villes
des Pays-Bas ; — ex. : Gand, Bruges, Louvain,
Anvers. — La construction de la citadelle précède
toujours celle de l'enceinte, au moyen-âge.

Origine d'Anvers : — discussion sur les légen-
des diverses relatives à cette origine ; — l'histoire
fait mention d'Anvers l'an 606. — Hypothèse
d'une île ou motte isolée à Sᵗᵉ-Walburge appuyée
sur l'étude géologique du sol ; — l'existence d'un
burght construit en pierre est peu probable avant
l'an 1000. — Le Burght primitif d'Anvers est un
château en bois avec haies ou hagas ; — son origine basse saxonne ; — il est détruit en 837 par
les Normands.

Chapitre II. — 2ᵉ époque. — Renaissance.
(1000 a 1430.)

A la fin du rêve des millénaires, on commence à construire des châteaux durables en maçonnerie. — Influence des croisades sur les progrès de l'art; — ex. : construction d'Aigues-Mortes par Philippe le Hardi, en 1272, sur le plan de Damiette. — Les moines remplissent le rôle d'ingénieurs des armées de la foi; — en contact avec les ingénieurs orientaux, ils apprennent les principes de l'art défensif qu'ils rapportent en Europe. — Progrès réalisés en Europe sous Richard Cœur de Lion et Philippe-Auguste; — l'extension des priviléges des communes provoque la construction de nombreuses fortifications urbaines et féodales.

Agrandissements successifs d'Anvers indiqués comme exemple du développement de la fortification urbaine. — Burght (950); — ses formes probables d'après ses vestiges.— *Première enceinte* (1124); — sa forme est inconnue; elle est probablement formée de haies ou palissades; — Eyendyk. — *Deuxième enceinte* (1201 à 1206); — remparts en terre à la romaine; — les corporations construisent des portes en maçonnerie qui leur servent d'arsenal ; — ces constructions subsistent jusqu'au XVIe siècle. — *Troisième enceinte* (1249) ; — motif de ses formes irrégulières. — *Quatrième enceinte* (1298) ; — elle n'a qu'un caractère provisoire pour faciliter l'accroissement de la ville en attendant l'exécution de la 5e enceinte ; — remparts en terre ; — leur tracé irrégulier commandé par des fossés préexistants. — *Cinquième enceinte* (1314) ; difficulté qu'éprouve la commune d'achever ces travaux ; — moyens extraordinaires employés.

Construction de fortifications féodales ; — les châteaux ruraux ; — ex. : château de La Roche, —château de Montaigle, etc. ; — on les construit fréquemment pour résister aux communes ; — ex. : château d'Ath, — château de Gand ; — les châteaux urbains ; — ex. : hôtel Uttenhove, à Gand.

51e LEÇON. — Difficulté à caractériser la fortification du moyen-âge, à cause de ses types variés.
Profil. — Les murs ; — profil de Christine de Pisan ; — profil du château de Coucy ; — hauteur ; — épaisseur ; — tours pleines ; — galeries d'écoutes d'escarpe contre le mineur ; — murs

sur arceaux ; — ex. : murs de Louvain, de Cologne ;
— contre-forts intérieurs ; — contre-forts extérieurs ; — ex. : château d'Ath ; — murs bosselés ;
— ex. : château Gaillard. — Parement vertical ;
— ex. : château de Narbonne ; — parement
incliné ; — ex. : château Gaillard ; — parement
mixte ; — ex. : château d'Angoulême. — Parement
avec fruit ; — son but ; — ses formes diverses ; —
ex. : château Gaillard, château d'Avignon. —
Meurtrières ; — doutes sur leur forme ; — fenê-
tres ; — archières ; — arbalétrières ; — leur tracé ;
— manière de les défiler de l'extérieur. — Parapets : — toitures ; — hourdages ; — mâchicoulis ;
— bretèches ; — encorbellements ; — ex. : château Gaillard, château de Pierrefonds. — Échau-
gettes. — Fossé : — quand on les rencontre ; —
ex. : château d'Anger, château de Beersel, Burght
d'Anvers. — Baille ou palés ; — lice ; — garde
et contre-garde ; — ex. : murs de Rouen, de Carcassonne, de Mortagne, de Gournay. — Braie ; —
fausse braie.

Tracé. — Tours : — tours ouvertes ; — ex. :
Avignon ; — tours détachées des courtines et
formant forts isolés ; — ex. : Carcassonne. — Espacement variable des tours ; — ex. : Anger ,

château Gaillard, château de Solidor. — Saillie des tours sur le mur. — Grandeur des tours. — Forme des tours : — tours rondes ; — ex. : tours de Carcassonne ; — tours carrées ; — ex. : tours d'Aigues-Mortes ; — tours triangulaires ; — ex. : tours de Beaucaire ; — tours prismatiques ; — ogivales ; — ex. : tours du château de Loche ; — tours rondes avec avant-bec ; — ex. : tours de Carcassonne, tours de Cocï.

Poternes : — niveau de leur débouché ; — arrière-lice ; — portes barricadées ; — porte en tapecu.

Portes de villes ; — bretèche ; — chaîne ; — herses ;—ex. : portes de Carcassonne, du château de Gand ; — moyens de fermeture.

Dehors : — ante-portali ; — barbacane en demi-lune ; — barbacane circulaire ; — communications avec parapets chevauchés ; — ex. : Carcassonne.

Ponts : — Ponts en bois ; — ponts droits ou obliques ; — ponts en maçonneries ; — barbacanes centrales ; — ex. : Munster de Luxembourg ; — pont à bascule. — Emplacement des ponts ; — ex. : château de Beersel, château de Vincennes.

Application au terrain : — 1° *Château féodal* :

— enceintes successives. — Caractère individuel ou personnel de ces châteaux.—Leur construction a rarement le caractère d'une défense nationale; — exemple remarquable d'un château national : le château Gaillard ; — but stratégique que Richard Cœur de Lion veut réaliser par sa construction.

Donjon; —ses formes variées ; —disposition des entrées ; — ex. : château de Coucy, château Gaillard; — division des étages ; — communications intérieures ; — beffroi ; — maîtresses-tours.

Cour ou garde ; — ex. : château d'Ath, château de Vincennes , château Gaillard , château de Beersel ; — importance des communications chevauchées ; — ex. : château de Franchimont. — Description du château de Franchimont.

2° *Château place d'armes :* — Description du château Gaillard et des Andelys.

3° *Château urbain :* — ex. : château de Gand.

4° *Enceintes de villes :* — tracé ; — portes; — description des portes d'Anvers.

52ᵉ LEÇON. —*Attaque et défense.* —Les armes : —espingolles; — ribaudequins ; — songines ; — leur portée; — trébuchets à fronde, à verge et à contre-poids ; — expériences sur les trébuchets du colonel Favé. — Attaques par surprises ; — but du beffroi ; — ex. : château de Chèvremont. — Blocus ; — les lignes ; — leurs formes diverses ; — bastides ou bastilles ; — leur construction selon Christine de Pisan ; — application au siége de Calais ; — ponts d'assaut et échelles pour l'attaque des bastilles ; — application au siége de Dieppe ; — difficulté de garder les lignes. — Bombardement au moyen des trébuchets ; — application au siége d'Aiguillon, de Calais ; — mantelets ; — pavois à dos. — Siége en règle ; — Couronnement ; — le rat (tortue) ; — tranchées couvertes appliquées au siége du château Gaillard ; — chats ou gattes (tortue bélière) ; — mouton au bosson (bélier) ; — beffrois ou chatels ; — chats-châtels ; — la sape ; — manière d'abriter les sapeurs ou *brigands* ; — moyens de retranchement ; — manière de résister à la mine. — Avantages des attaques multiples. — Rôle des barbacanes ; — leur utilité au siége de Carcassonne.

Application : — Description du siége du château Gaillard (1213). — Progrès réalisé dans l'art de la poliorcétique.

QUATRIÈME SECTION

FORTIFICATION DE TRANSITION

(JUSQU'A 1555)

———

CHAPITRE Ier. — 1re ÉPOQUE. — TRANSFORMATION DE LA FORTIFICATION ANCIENNE. (1430 A 1527.)

Causes diverses qui provoquent la transformation des méthodes défensives : — 1° Emploi de l'artillerie pyrobalistique dans les siéges ; — son importance croissante ; — ex. : siéges de Hennebon (1342), de Romorantin (1356), d'Audenaerde (1380), de Ham (1430) ; — artillerie des frères Bureau ; — siége de Montereau ; — expéditions de Charles VII en Italie ; — siége de Monte San Giovani. — 2° Organisation des armées permanentes ; — bandes d'ordonnances flamandes ; — corps mercenaires de Duguesclin. — 3° Émigration des artistes byzantins en Italie après la chute de Constantinople ; — part qu'ils prennent à l'édification des forteresses ; — sous leur influence l'*art italien* prend des formes définies ; — les Italiens se répandent dans toute l'Europe ; — les guerres religieuses en amènent un grand nombre dans les Pays-Bas ; — ils y forment des élèves et jettent les fondements de l'*art néerlandais* ou *hollando-belge* ; — son caractère spécial.

53ᵉ LEÇON. — Le premier emploi de l'artillerie dans les siéges se borne à briser les points faibles et principalement les portes ; — manière adoptée pour les couvrir contre les boulets ; boulevarts en terre ; — leurs formes diverses : demi-lune ou ante-portali ; — ravelin ; — ex. : Crema ; — tours rondes ou barbacanes ; — ex. : Metz et Florence. — Méthode de construction des boulevarts en charpente d'après Vallo.

Nécessité de renforcer les murs pour résister au canon ; — ex. : tour de Ham, de Magdebourg, château de Hesbain. — Efforts tentés pour augmenter la résistance du mur au moyen du parement extérieur ; — bossages ; — expériences faites à Glabais avant la construction d'Anvers sur la résistance des pierres aux boulets ; première idée du cuirassement. — Masque ou escarpe inclinée ; — son talus ; — indications diverses des auteurs anciens ; — masque en surface gauche du château St-Esprit. — Arceaux masqués ; — contre-forts ou contre-voûtes. — Murs remparés ; — opinion de Philippe de Clèves sur les murs remparés ; — manière d'exécuter la masse d'appui ; — ex. : fortification de Civita-Vecchia ; — profil adopté à Anvers (1542) ; — profil de Maggi ; — profil de Hesdin ; — voûtes en décharge de Castriotto.

Fossé : — Son emploi résulte de celui des murs remparés ; — objet de la braie ; — ex. : Bruges. — berme ou fausse braie ; — ex. : Metz ; — Avantages des fossés pleins d'eau ; — ex. : siége de Mirandole ; — cunette ; — ex. : siége d'Otrante ; — arrière-fossé de Machiavel.

Lo spalto, origine du glacis. — Contrescarpe ou douve ; — défenses accessoires qu'on y place.

Parapets en maçonnerie.

Tours avec caves à canon ; — ex. : Puy-St-Frond ; — elles conservent d'abord des mâchicoulis ; — forme des canonnières : — ex. : château de Bonaguil ; — verroux de fermeture des canonnières, employé à Nurenberg ; — créneaux latéraux pour mousqueterie ; — ex. : Nurenberg. —

Type remarquable de canonnières appliqué à Schaffhouse.

Embrasures à endents; — embrasures couvertes; — ex. : Nurenberg; — embrasures à mantelet d'Albert Dürer; — première idée de batteries cuirassées.

A la suite des expéditions de Charles VII, en Italie, les tours à haut-relief sont rasées; — bastilles au tourrions. — Rôle défensif attribué aux cavaliers, plate-formes ou *piata-forma* d'artillerie pour la défense éloignée; —ex. : cavalier de Marseille, de Tournay, de Maestricht.

Amélioration de la défense rapprochée : — Moineaux à feux rasants; — ex. : château de Plessis-lès-Tours; — siége de La Rochelle. — Description des moineaux du fort Unoth à Schaffhouse. — Capannati, maisonnette au caponnière; — casemates; — ex. : bastilles saillantes de Langres.

Travaux d'Albert Dürer. — Il publie le plus ancien ouvrage connu sur la fortification. — Ses relations avec les ingénieurs italiens. — Importance que les Allemands attachent à cette œuvre. — Première manière de Dürer; — forme de l'enceinte; — des tours ou patés; — il crée la défense rasante mais non flanquante. — Deuxième manière. — Troisième manière : — fortification circulaire ; — emploi des capannati ; — naissance du flanquement. — Fortification polygonale : — défense d'un château ; — d'une ville ancienne. — Dürer ne peut être considéré comme l'inventeur de la fortification flanquée.

54ᵉ ʟᴇçᴏɴ. *Attaque et défense.* — Les armes : — Canons ; — Couleuvrines ; — Bastarde ; — Moyenne ; — Faucon ; — Fauconneau.

Attaques de vive force : — ex. : siége de Dinant.

Attaque pied à pied : — lignes ; — lignes de la Durance (1536) ; — leur profil ; — camp portatif du seigneur de Sedan. — Approches ; — combinaisons des armes nevrobalistiques et pyrobalistiques ; — ex. : siége de Neuss et de Brescia ; — mantelets de l'artillerie. — Mode d'emploi du canon ; — les brèches par le tir en ruine ; — ex. : siége de Pise. — Substitution des mandes aux mantelets ; — gabies, gabions. — Tranchées couvertes ; — tranchées découvertes de Christine de Pisan ; — leur profil ; — manière de les exécuter ; — exécution de vive force (sape volante ou tranchée simple) ; — ex. : siége de Dinant

1466); — exécution par industrie ou *tranchée
roulland* (sape pleine). — Tracé en coins ou lacets;
— redoutes placées aux angles; — leur but suivant Philippe de Clèves; — masques de coins; —
arrière-coins de Montluc (1558). — Lignes de
communications. — Des batteries: — batterie de
niveau ou simple; — batterie enterrée; — bat-
erie cavalière ou foudroyante. — Manière de
éparer les brèches; — canonnières de rempart;
— ex. : siége de Metz (1552). — Tranchées protec-
rices des batteries. — Première idée du tir en
brèche par tranchées (1561). — Stratagèmes
divers pour forcer la reddition. — Les mines;
— emploi de la poudre dans les mines à ruine;
— ex. : siége de Constantinople (1453); — essai
le mines à poudre à Pise (1403); — proposi-
ions de divers auteurs pour l'emploi de mines
a poudre; — essai infructueux de Serezanella
1487), — tentative de Ramirez à Malaga;
— succès de Pierre de Navarre à Naples (1503);
— à Milan et Brescia (1515). — Les mines à
poudre deviennent d'un usage général pour pro-
luire les brèches; — manière de les exécuter: —
a tombe; — la traînée de poudre. — Les puits
l'écoute; — les galeries d'écoute; — ex. : siége de

Rhodes (1552). — Contre-mines : — ex. : siége de Padoue (1509).

Exemple de siége : — Siége de Metz de 1552. — Description des travaux d'attaque et de défense; — analogie remarquable de ce siége avec les siéges modernes; rapprochement à établir entre l'époque où l'on commence à introduire l'artillerie pyrobalistique dans les siéges au xvi⁰ siècle et l'époque moderne où l'artillerie à longue portée se substitue à l'artillerie lisse.

CHAPITRE II. — 2ᵉ ÉPOQUE. — ORIGINE DE LA FORTIFICATION MODERNE. (1527 à 1555.)

Les anciens parapets sont en maçonnerie; — l'artillerie s'établit à barbe ou barbette, et à embrasure. — Premier emploi des parapets en terre; — leurs profils variés; — murs en bahut; — chemins de ronde; — échauguettes; — épaisseur des parapets; — hauteur; — profil interne; — profil d'Anvers au xvi⁰ siècle d'après Speckle; — plates-formes mobiles pour l'artillerie de Castriotto; — ponts ou plates-formes en bois. — Suppression des hauts profils et création des fortifications rasantes. — Opinion de Machiavel sur les ouvrages avancés. — Opinion de Louis XI sur les petites places ; — tendance à l'agrandissement et à l'extension des anciennes forteresses.

Mode de reconstruction adopté dans les places qu'on améliore ; — cette reconstruction est toujours successive ; — on couvre d'abord les accès dangereux de boulevarts ; — les boulevarts sont aussi quelquefois appliqués sur les anciens murs ; — ex. : Faenza ; — le plus ordinairement, les boulevarts sont établis en avancés ; — ex. : Alost ; — irrégularité qui résulte de cette méthode de distribution des boulevarts pour le tracé ; — on relie ensuite les boulevarts par des courtines ; — avantage des courtines extérieures aux anciens murs pour la sécurité de la place, pendant la reconstruction.

55ᵉ ʟᴇᴄ̧ᴏɴ. — Mode de liaison des boulevarts extérieurs avec les anciens murs ; — naissance du capannati ou pont à parapets ; — emploi des pièces traditores ; — leur utilité pour la défense rapprochée ; — les orillons. — Naissance des bastions ; — leurs types variés d'après la forme des boulevarts. — Exemples : — Bastion de San

Spirito à Véronè ; — bastion de S'-Léon à Bayonne ; — types divers de bastions de Francisco Giorgio ; — bastion d'Augsbourg ; — bastions carrés ; — plats, — ronds, — ex. : enceintes de Salmone et de Palerme.

Prétentions des divers peuples à l'invention du bastion ; — discussions soulevées au sujet du droit de priorité ; — examen : — La forme du bastion s'impose avec l'emploi des armes nouvelles; — elle varie dans les diverses applications; — exemple remarquable de forme variée dans les bastions construits par San Micheli à Vérone. — Opinions diverses émises sur l'emploi des casemates ; — bastion de San Gallo à Rome; — boulevard S'-Jacques à Troye. — Bastions détachés de Giovanni Scala. — Le rôle des premiers bastions est différent de celui des bastions modernes; — ils assurent la défense rapprochée; — les *piata-forma* les complètent pour la défense éloignée; — ex. : Vérone. — Emploi du ponti et des piata-forma.

Naissance des premiers tracés réguliers sous l'influence des artistes italiens; — Exemples : — tracé en torini de Trévise; — tracé en rondelles d'Augsbourg; — tracé en puntoni de Rovigo : — L'idée de la division d'une enceinte en fractionstypes ou *front* n'apparaît que plus tard. — Le véritable *front* italien se compose d'un bastion avec les deux courtines latérales; — il repond au type de *tracé à bastion* ou polygonal. — Liaison des fronts entre eux; — limite d'espacement des bastions; — limite minimum; — ex. : tracé de Palmanova; — opinion de Blaise de Vigerière; — limite maximum; — correction par le bastion plat ou bastion du milieu; — ex. : Messines. — Formes variées du bastion du milieu; ex. : Ferrare, Milan, Parme, St-Sébastien. — Courtines brisées; — ex. : Philippeville, Reggio, Palerme.

Erreurs commises par les auteurs modernes dans la comparaison du *tracé à bastion* et du *tracé bastionné*; — définitions des parties de ce dernier; — principe du flanquement complet, — formes liées et dépendantes des éléments du tracé bastionné.

Premier tracé italien. — *Type de Turin* de Tartaglia. — Accroissements successifs de la place de Turin. — Description du tracé; — rôle du bastion et de la piata-forma dans la défense; — armement.

56e Leçon. — *Type d'Anvers.* — Construction

former retranchements. — Tours centrales; — origine du *tracé de Castriotto :* — application à Calais, à Limbourg. — Défaut du haut-relief; — correction par le spalto; — avantage du chemin couvert ; ex. : siége de Vienne (1529) ; — Cataneo propose l'emploi du glacis (1548) ; — Castriotto celui de l'avant-glacis; — emploi de la palissade formant lice sur le spalto ; — Naudin reporte la palissade dans le chemin couvert au XVIIe siècle.

Tracé de Maggi; — ordre renforcé : sa description ; — son application à Naarden.

CINQUIÈME SECTION

CHAPITRE Ier. — RENAISSANCE (de 1555 à 1625).

57e LEÇON. — Le premier tracé italien permettait de construire avec économie les enceintes communales ; — il a reçu de nombreuses applications. — Les guerres de la réforme obligent à construire des citadelles pour assurer l'autorité royale ; — exemple de ces constructions : citadelle d'Anvers ; — polygones employés pour l'enceinte de ces citadelles. — Divisions des villes en *petites, moyennes et grandes* ; — les citadelles ne se construisent que pour les dernières ; — opinions diverses sur le choix de leur emplacement ; — 1° dans les villes ; — ex. : Luxembourg, Ath, Nimègue ; — 2° sur l'enceinte ; — ex. : Anvers, Cambrai, Gand ; — 3° hors ville ; — ex. : Bruxelles, Geldres ; — discussion de ces opinions. — Conditions auxquelles les citadelles doivent satisfaire; — grandeur; — commander la ville; — communications faciles; — présenter le caractère du réduit; — liaison avec la place; — esplanade. — Application de ces principes à la citadelle d'Anvers projetée par le duc d'Albe; — discussions que le choix de son emplacement au nord ou au sud de la ville a soulevées.

Dans la construction des citadelles, le problème de la fortification se présente sous une forme à peu près théorique; — on ne se préoccupe pas des groupes de constructions à enclore; — établies aux frais des villes par mesure de coercition, on se préoccupe peu de la question économique; — progrès qui résulte, pour l'art, de ces constructions multipliées.

Les projets de nouvelles fortifications, en Italie, sont généralement soumis à des congrès d'ingénieurs; — exemples divers; — discussions doctrinales qui résultent de ces assemblées. — Écoles qui se forment; — les ingénieurs italiens se répandent dans toute l'Europe; — élèves qu'ils forment. — Caractères spéciaux des diverses écoles; l'école italienne et l'école flamande ou hollandaise ont seules des caractères bien tranchés ; — circonstances spéciales qui donnent naissance à l'école néerlandaise ; — influence des princes de Nassau sur son développement.

Avantage des tracés sur des polygones réguliers ; — motifs qui font exclure le triangle ; — les citadelles sont toujours tracées sur des polygones de 4 à 6 côtés ; — les petites villes sont tracées sur des polygones de 5 à 10 côtés.

Étude du tracé : — Objections présentées par l'ingénieur Frans (d'après Speckle) au premier tracé italien, dans le conseil de guerre appelé à se prononcer, en 1542, sur les projets des fortifications pour Anvers (courtines trop longues). — Moyen qu'il propose pour les corriger (tracé bastionné à flanquement complet) ; — accueil fait à ces propositions. — Limites qu'il convient d'adopter pour la grandeur du côté du polygone d'un front bastionné ; — tracé royal, moyen royal et petit royal. — La suppression de la piata-forma modifie le rôle des bastions ; — on les arme d'artillerie pour agir à l'extérieur ; — nécessité d'augmenter les dimensions des bastions ; — avantage que présente cette augmentation : faciliter la construction de retranchements ; — former la tenaille pour battre l'artillerie de l'attaque en rouage. — Danger du tir en écorchant; — but du second flanc. — Limites de l'angle flanqué : chez les Italiens; — chez les Hollandais (angles malpropres). — Limites de l'angle de tenaille. — Application des avantages de la tenaille dans le *système de Alghisi de Carpi;* — modification de ce tracé proposée par *Marchi;* — ordre renforcé. Relation entre l'angle de tenaille, l'angle flanqué et l'angle de polygone; — avantage du tracé sur un dodécagone. — Problèmes géométriques que soulèvent les tracés pour les polygones inférieurs; — défis que s'adressent les ingénieurs; — solutions singulières auxquelles ces défis donnent naissance; — ex. : tracé du fort de Tody sur un triangle; — du fort de Polizan sur un carré. — Collection de solutions diverses présentées par Marchi. — Tracé dit en dehors et tracé dit en dedans; — ce dernier est employé à peu près exclusivement depuis Malthus.

Deuxième tracé italien. — Son application à la citadelle d'Anvers par Pacciotto d'Urbin en 1567. — Importance que les auteurs ont attachée au tracé de cette citadelle au point de vue des progrès de l'art; — opinion de Vauban sur sa valeur. — Règles de tracé que l'on peut déduire de cette construction d'après les levés (fortifié en dedans — en dehors). — Grandeur des bastions ; — tradition erronée qui a porté à croire que les bastions auraient reçu un agrandissement ultérieur ; — causes de cette erreur : une modification de ce genre a été faite à la citadelle de Cambrai ; — le faible intervalle de temps qui s'écoule entre l'achèvement de l'enceinte d'après le premier tracé italien (1556) et la construction de la citadelle suivant le deuxième tracé italien (1567) a porté à croire qu'on n'avait pas modifié le tracé ; — réfutation de cette erreur. — Flanc bas avec abris pour l'artillerie ; — erreur commise par le général de Zastrow et le colonel Villenoisy dans leur description. — Disposition adoptée contre le tir en bricole contre les flancs (faussement attribué depuis à Errard). — Havres couverts. — Suppression de la piata-forma du premier tracé italien ; — doutes que cette question soulève. — Erreur commise par le général de Zastrow au sujet de l'existence des cavaliers dans les bastions ; — leur construction ne remonte qu'au règne de Marie-Thérèse. — La rapidité de la construction de cette citadelle n'a pas permis d'y appliquer de dehors ni de chemins couverts ; — ces travaux n'ont été

exécutés qu'ultérieurement. — Ante-portalis projetés dans le tracé primitif; — ils ne sont pas
exécutés; — Marchi avait déjà proposé l'emploi
de demi-lunes en 1594; — tracés divers de ces
ouvrages; — défauts qu'on leur reproche (difficulté de communication); — correction de ce défaut dans le tracé de la place de Ferrare; — les
demi-lunes sont exécutées à Anvers en 1701. —
L'usage des chemins couverts était déjà commun
à l'époque de la construction de la citadelle; —
ils sont appliqués au fort Saint-André en 1596;
— ils n'ont été exécutés à la citadelle d'Anvers
qu'en 1609. — Examen du deuxième tracé italien; — défaut de son haut-relief; — nécessité
d'y appliquer des flancs bas; — inconvénients
qu'ils font naître; — correction proposée par
Busca : le perro. — Importance des orillons
démontrée par le siége de Gravelines (1643).

58ᵉ LEÇON. — Pacciotto est-il l'inventeur du
tracé bastionné? — Opinion affirmative du colonel Villenoisy; — erreur historique qu'il commet
à ce sujet; — l'ingénieur anversois Pierre Frans
a développé les principes de ce tracé dans le conseil de guerre réuni par Charles-Quint, en 1542,

pour discuter les plans d'Anvers ; — son opinion y est combattue par le duc d'Albe et le comte de Buren ; — elle est repoussée ; — elle se répand en Italie par les ingénieurs de la suite de Charles-Quint ; — elle est adoptée par les ingénieurs assemblés en Congrès pour les fortifications de Rome en 1545 notamment par Marchi ;—Charles-Quint reconnaît l'erreur commise en repoussant les projets de Frans, dans sa visite à Anvers en 1549. — Pacciotto applique les principes préconisés par Frans ; — agrandissement de Turin en 1556. — Projet de Marchi pour la construction de la citadelle d'Anvers ;—modifications que lui fait subir Pacciotto.

Réputation acquise par Frans à l'étranger ; — des ingénieurs étrangers viennent prendre ses conseils : — visite de Speckle en 1560 et 1580. — Le général Zastrow attribue à Frans une origine allemande ; — erreur de cette affirmation démontrée par les archives d'Anvers. — L'ingénieur Peter Frans peut être regardé comme l'inventeur de la fortification bastionnée et l'une des gloires de la Belgique.

École française. Système d'Errard de Bar-le-Duc. — (1594). — Errard est généralement considéré comme le père de la fortification française ; — erreur commise par les ingénieurs français à ce sujet ; — son précurseur : Béroil de la Treille (1556) ; — son émule : Claude Perret (1601). — Il appartient, comme ceux-ci, à l'école italienne. — Description du front d'Errard ; — forme particulière du flanc contre le tir en bricole ; — parapet à jabot du second flanc. — Errard projette un système d'affût à éclipse. — Examen de ce front.

Système de Bellini et Melloni. — (1598). — Ils conservent les cavaliers ou piata-forma. — Description de leur tracé ; — tracé de la citadelle de Fécamp. — Forme spéciale de leurs contre-forts d'escarpe.

Système de Deville. — (1629). — Origine italienne de ses idées. — Importance des écrits qu'il a laissés ; — leur caractère éclectique. — Il admet le tracé bastionné et le tracé tenaillé. — Description de ces deux tracés. — Discussion intéressante qu'il présente sur les diverses parties du front. — Il recommande la piata-forma ; — les flancs bas découverts ; — les bastions pleins ; — les fossés à cunette ; — la demi-lune employée comme ante-portali ; — la demi-lune à flancs bas ou ailerons (imitée par Montalembert) ; — le chemin couvert à endents. — Analogie remarquable du front de Deville avec le *tracé de Ferrare*.

59ᵉ Leçon. — *École flamande ou hollandaise.* — La fortification italienne importée en Belgique pendant le règne de Charles-Quint : — Travaux de Donato Boni ; — de Marchi. — Progrès réalisés par les ingénieurs flamands : — Travaux de Peter Frans d'Anvers, qui construit la place d'Anvers (1542) ; — de Sébastien Van Noen (dit *d'Oya*, d'Utrecht, qui construit Hesdin, Philippeville, Givet, Charlemont (1555) ; — de Hans Schill, d'Anvers, auteur d'un traité de fortification (1573) ; — de Simon Stevin, de Bruges, qui publie une œuvre semblable (1586). — Influence exercée par l'école flamande sur les progrès de l'art : — les ingénieurs étrangers viennent y recueillir les enseignements des maîtres ; — Daniel Speckle, de Strasbourg, élève de Frans, propage son enseignement en Allemagne, où il importe les principes de l'école flamande. — Encouragements à l'étude de la fortification donnés par les princes de Nassau.

Caractère particulier de la fortification fla-

mande : — Fortification en terres non revêtues ;
— leur première application à Bréda en 1533. —
Cette innovation résulte du défaut de temps et
d'argent pour exécuter les travaux en maçonnerie
plus complets pendant les guerres de religion.
— Emploi de la braie et de la fausse braie ; —
son but à l'origine ; — analogie de la fausse braie
avec le sillon de Lorini et le perro de Busca. —
Emploi des demi-revêtements. — Faute de temps
pour élever suffisamment les remparts, la fortification devient rasante ; — on supplée d'abord
à la fortification plongeante par la piata-forma ;
— ex. : siége de Jametz (1521) et de Tournai
(1521) ; — les avantages que l'on reconnaît à la
fortification rasante font renoncer à ces cavaliers ;
— suppression des piata-forma d'Anvers (1577).
— Opinion de La Noue au sujet des fortifications
en terre et rasantes. — Le siége de Harlem (1572)
fournit une première application du tir d'enfilade
ou à ricochet ; — précautions conseillées contre
ce tir ; — plongées à contre-pente de Lorini.

Système de Hans Schill (1573). — Tracés
analogues à ceux de Marchi et à ceux exécutés
à Anvers ; — ils conservent le caractère des
tracés dits italiens.

Système de Simon Stevin (1586 ou 1594).
— Par sa double enceinte, son tracé appartient
spécialement à l'école flamande. — Ses maximes.
— Description du tracé ; — discussion.

Système de Daniel Speckle (1589). Importance
attachée par les Allemands à son œuvre ; — elle
est considérée comme l'origine de l'école allemande. — Speckle appartient par son origine,
ses études, son langage, à l'école flamande dont
il décrit et conseille des formes perfectionnées.
— Ses maximes. — Description de son tracé
simple ; — de son tracé renforcé.

Système de Marolois (1627). — Description du tracé simple ; — du tracé renforcé.

Système de Freytag (1630). — Description
de son tracé. — Il préconise l'usage des demi-
lunes ; — leur utilité démontrée aux siéges de
Nimègue et de Coervoerden. — Tendance des
Hollandais à multiplier les dehors ; — ouvrages
à corne et cornichons ; — ouvrages à couronnes
et doubles couronnes.

Contre-gardes ou braie employées pour couvrir les vieux murs ; — ex. : tracés d'Oldenzeel,
de Linghen, de Bommel. — Manière adoptée
pour agrandir les bastions des premiers tracés

italiens ; — contre-gardes détachées à coupures, de Marchi ; — *puntoni* (pointe) et *alone* (aile).

Emploi des eaux dans la fortification ; — *fortification par écluse* de Stevin.

Caractères distinctifs admis pour caractériser et distinguer les tracés Italiens, Espagnols, Flamands, Français ; — erreur de cette manière de caractériser ces systèmes suivant le colonel Villenoisy.

60ᵉ Leçon. *Attaque et défense.* — Progrès réalisés dans l'artillerie par Sully. — Le nombre des bouches à feu croît dans l'armement des places ; — ex. : siége de Montmélian. — Impuissance de l'attaque à dominer le feu de la défense ; — ex. : siége de Cambrai (1595) ; — nécessité de perfectionner les méthodes d'attaques par industrie. — Progrès réalisés sous l'influence des princes Maurice et Frédéric-Henri de Nassau. — Création de la *méthode d'attaque des princes d'Orange;* — importance que son étude présente encore de nos jours ; — elle est l'origine de la *Méthode d'attaque de Vauban.*

Première période du siége. — *Bouclement* (investissement). — 1ᵉ *Attaque.* — Choix des positions de campement de l'armée assaillante. — Manière d'occuper les camps ; — le campement des troupes se fait à la manière romaine en ordre compact ; — profil des remparts suivant Freytag ; — tracé en redans ou demi-redoutes ; — durée d'exécution. — Construction des huttes. — Camps volants intermédiaires. — Tracé et exécution des lignes de circonvallation ou *continuation* : — Leur profil. — Lignes à ouvrages fermés ; — redoutes carrées ; — demi-redoutes ; — demi-forts étoilés ; — fort bastionné ; — lignes à ouvrages ouverts ; — à redans ; — à bastions ; — à crémaillères ; — à tenailles ; — à ouvrages à cornes ; — à redans détachés.

Tracé et exécution des lignes de contrevallation ou *lignes de communication*. — L'une des deux lignes est ordinairement protégée par des ouvrages fermés ; — ex. : siége de Bréda. — Lignes ou tranchées doubles proposées par Deville. — Distance des lignes à la place.

Batteries en barbette pour armer les lignes. — Rôle de la cavalerie pendant la construction des lignes ; — *le dégât*.

Batteries à démonter contre la place ; — on les établit dans des redoutes fermées ; — on les construit de vive force, ou par industrie ; — profil des tranchées pour les relier aux lignes de communication. (Origine de la 1ʳᵉ parallèle). — Armement et durée d'exécution des lignes ; — ex. : siége de Steenwick (1592) ; — siége de Bois-le-Duc ; — siége de Hesdin (1639).

Habileté des Hollandais et des Espagnols à construire des lignes ; — revêtements employés pour raidir les talus et activer la construction ; — double gabion, gabion, demi-gabion ; — leurs dimensions ; — claies ; — balles de coton. — Manière d'établir les lignes dans les marais ; — ex. : Bois-le-Duc.

Dans les guerres des Pays-Bas, le siége se réduit souvent au blocus ou long siége ; — ex. : siége de Leyde (1574) (5 mois) ; — siége d'Anvers (1584). — On active la reddition par le bombardement. — Emploi du boulet ardent ; — siége de Groningue (1594), — de Groll (1597) ; — du boulet rouge conseillé par Diego Ufano : — siége d'Ostende (1604) ; — des bombes : — siége du fort Schenck (1635) ; — les bombes sont inventées à Venlo et importées en France par Malthus.

Défense. — Organisation de la défense : — rassembler les approvisionnements ; — fortifications improvisées autour des accès faibles de la place; — ex. : Zutphen (1584), — Berg-op-Zoom (1588), — Zwoll (1576), — Bois-le-Duc (1601), — Ostende (1601).

Distribution de la garnison pour le service de surveillance. — Gardes bourgeoises.

Batteries de remparts (dites contre-batteries); — barbettes; — plates-formes en bois; — plates-formes roulantes. — Dispositif établi sur les plongées pour couvrir les batteries et aveugler l'ennemi (*blinde* suivant Bonours) ; — palanques en bois et fer conseillées par Sully ; — haies en branchanges adoptées au siége d'Ostende.

Blindage des bâtiments de la place; — ex. : siége du fort Schenck (1635); — du fort de Calloo (1680).

Sorties de cavalerie pour empêcher le boucle-ment; — opinion de Deville sur les sorties.

61ᵉ Leçon. — *2ᵉ période*. — *Approches par industrie*. — *Attaque*. — Tranchées en zig-zag établies sous la protection des batteries. — Busca conseille de diviser les attaques. — Méthode d'exécution de ces tranchées chez les Hollandais : — 1° De vive force; — redoutes pour appuyer le travail de chaque nuit ; — profil ; — angle des lacets ; — arrière-coins ; — manière d'établir les redoutes. — 2° A la sape ; — profil ; — analogie avec la sape enterrée des Allemands. — Méthode d'exécution par élargissement successif. — Créneaux pour mousquetaires : — en sacs à terre ; — en corbeilles d'osier. — Sape debout ; — cas où on l'emploie ; — son exécution au moyen des chandeliers. — Sape couverte ; — blindes ou *potenies* ; — ex. : siége de Bois-le-Duc (1629). — Sape avec gabions ; — saucisse de Pompée Targon à Ostende (1601) pour remplacer les chandeliers (origine du gabion farci).

Danger des attaques isolées ; — redoute d'appui à mi-distance de la place, conseillée par Deville (origine de la 2° parallèle) ; — grandeur de cette redoute. — Attaques liées des princes d'Orange.

Défense. — Armement des remparts conseillé par Deville ; — ses batteries secrètes (à éclipse). — Tir à mitraille contre les travaux d'attaque.

Sorties pour bouleverser les travaux ; — ex. : siége de Rouen (1591). — Ouvrages de contre-approche (embuscades) ; — ex. : siége de Bud-weiss (1619) ; — de Vercelli (1638).

62ᵉ Leçon. 3ᵉ *Période*. — *Préparation de l'assaut*. — *Attaque*. — Choix du point d'attaque : — bastion ou courtine ; — opinions diverses émises à ce sujet.

Batteries de brèches : — dispositif de *batteries camarades* de Vigenère ; — tir de plein fouet et tir en écorchant. — Manière d'éteindre les feux de flanc ; — tir en bricole ; — dispositif de Beroil de la Treille ; — distance de ces batteries à la place. — Exemple d'une place d'armes reliant entre elles les batteries à La Capelle en 1627. (Origine de la 3ᵉ parallèle). — Manière de construire les batteries : — batteries dans la tranchée ou enterrées ; — batteries au ras du sol ; — masque en gabions ; — leur insuffisance ; — ex. : siége de la Rochelle ; — mantelets en bois bordés de fer, conseillés par Deville (origine des batteries cuirassées) ; — chandeliers ou haies ; — ex. : siége d'Ostende ; — batteries au dessus du sol ; — ex. : Famagouste (1570) ; — le *grand chat* d'Ostende (1601).

Descentes de fossé ; — mode de construction ; — emplacement conseillé par Errard.

Passage de fossé : — pont de jonc employé à Hesdin (1639). — Digue en fascines employée à

Groll (1597). — Passages couverts ; — leur nécessité ; — ex. : siége de Rouen (1591). — Ponts
sur chevalets et sur radeaux, employés à Gand
(1576). — Ponts roulants au *chariot d'enfer*,
proposé par Pompée Targon, à Ostende (1601).

Difficulté de faire brèche par l'artillerie à cette
époque ; — on adopte généralement le tir en
ruine ; — défauts des boulets en pierre. — Il
faut ordinairement recourir à la sape (*mine*) ; —
ex. : siége de Thérouenne (1553) ; — dangers que
présentait encore l'emploi de la mine pour l'attaque ; — ex. : siége de La Rochelle (1573) ; —
de Steenwick (1592). — Vigénère et Busca
conseillent les mines en T.

Défense. — Coffres pour la défense de fossé
employés à La Rochelle.

Défense par les mines ; — dispositif conseillé
par Deville : — le puits ; — la galerie d'écoute ;
— la taillade ; — conduite en cas d'attaque
recommandée par Busca.

Retranchements particuliers employés au bas-
tion de l'Évangile à La Rochelle (1573). —
Retranchement général appliqué à la *Nouvelle
Troie* à Ostende (1601).

Préparatifs contre l'assaut : — force de la

colonne d'assaut ; — manière de la recevoir ; — ex. : siége de la Rochelle (on repousse 8 assauts). — Défense des brèches : — cercles enflammés ; — barils foudroyants ; — solives enflammées ou bûchers ; — chevaux de Frise appliqués à Groningue ; — grenades à main ; — leur usage en Hollande.

Suites de l'assaut pendant les guerres de religion des Pays-Bas. — On constate un grand adoucissement des mœurs militaires à la suite de ces guerres. — Ex. : siége d'Ostende (1601).

CHAPITRE II. — ÉCLECTISME. (DE 1625 A 1682.)

63ᵉ LEÇON. Causes qui influent sur les progrès de l'art. — Les ingénieurs théoriques et les ingénieurs pratiques. — L'art de la fortification entre dans le domaine de l'homme de guerre. — Influence exercée par le siége de Candie (1669). — Création de l'enseignement théorique et des écoles d'ingénieurs militaires.

Questions controversées en fortification : — choix du point d'attaque. — Manières de se couvrir ; — les maçonneries ; — fortification rasante et fortification plongeante : — ex. : Montpellier

(1624); — les ouvrages détachés; — commandement relatif. — Ouvrages à démolition. — Manière d'augmenter la défense éloignée; — ouvrages avancés; — tracés à rebours; — emploi de la tenaille. — Manière d'augmenter la défense rapprochée; — obstacles divers; — fossés secs et fossés pleins d'eau; — leurs défauts : — ex. : Coevoerden; — feux étagés et enveloppants; — retranchements; — bastion contre-garde; — *tracé de Fabre* (application de la fortification polygonale). — Nature du flanquement; — doit-il être basé sur l'artillerie ou la mousqueterie? — Opinions diverses.

Emploi des casemates : — leurs formes diverses; — casemates parallèles; — casemates perpendiculaires; — casemates blindées (système d'Albert Durer). — Application à La Rochelle (1573). — Causes qui amènent à renoncer aux casemates en Hollande. — *Casemates-abris* de Pacciotto, — de Stevin, — de Speckle. — Casemates défensives; — opinion de Deville sur les casemates; — on renonce en France à les employer; — faute que l'on commet; — ex. : siége de Philippsbourg (1688); — opinion de Rimpler déduite du siége de Candie (1673);

— manière de corriger les défauts des casemates;
— évents pour la fumée. — Types des casemates
de Durer, — de Vauban, — de Herbort, — de
Rusenstein ; — casemates détachées de Dillich,
— de Satlers; — casemates sans masque intérieur de Glasser ; — casemates avec masque
couvrant extérieur de Sturm, — de Rosard
(Haxo), — de Rosard (Bousmard), — de Rosard
(Carnot), — du maréchal de Saxe, — de Fus-
tenhof, — d'Errard de Bar-le-Duc (Chasseloup).

Tendance marquée des ingénieurs allemands
à adopter le tracé tenaillé. — *Travaux de Dillich*, tracés divers : — tracé bastionné; — courtine tenaillée ; — suppression de l'orillon; —
tracé à tenaillons; — tracé tenaillé pur. — Application à Mayence par Georges Spalla. — Travaux de *Landsberg l'aîné*; — de *De Groote*.

Pagan (1645) : — importance de son œuvre;
— introduction du flanc perpendiculaire à la
ligne de défense; — 1re manière de Pagan; —
examen ; — sa manière renforcée.

Scheiter (1672). — Retranchement général
(imité par Vauban); — contre-bastion (caponnière); — pièce de revers; — sa tendance vers
la fortification polygonale.

Rimpler (1673) ; — importance de son œuvre, ses principes ; — examen ; — Rimpler ne donne pas de tracé-type ; — essais d'application de la fortification *à bastion du milieu* ou tracé de Fabre corrigé (système polygonal).

Griendl d'Aach (1677) ; — type semi-bastionné, semi-tenaillé ; — système à démolition ; — examen.

Donato Rosetti (1678) ; — fortification à revers (fortificazione a revescio) dite à rebours ; — glacis intérieurs ; — tendance vers la fortification polygonale ; — analogie avec l'ancien tracé de Livourne ; — examen.

Blondel (1683) ; — il se rapproche du tracé tenaillé ; — réduits de place d'armes ; — première application du parapet détaché ; — application à Wismar ; — examen.

Suttinger (1685) ; — ses tentatives pour réaliser le bastion du milieu de Rimpler ; — système à défense intérieure ; — examen.

64ᵉ LEÇON. *Vauban* (1680) ; — biographie. — Importance de son œuvre ; — caractère essentiellement éclectique de ses travaux ; — conceptions erronées introduites dans l'enseignement de la

ou tenaillons (imités de Dillich et de Bombelle). —
Avant-chemin couvert ; — redoutes de Louvigni
à Luxembourg. — Communications.

Vauban imprime à la fortification un caractère
essentiellement national ou stratégique : — la
frontière de fer.

65ᵉ LEÇON. — *Attaque et défense.* — *Méthode
d'attaque de Vauban :* — Grande expérience qu'il
acquiert dans les siéges ; — caractère philanthro-
pique des travaux d'attaque qu'il dirige ; — sa
méthode d'attaque est imitée de celle des princes
d'Orange ; — améliorations qui résultent de
l'expérience du siége de Candie ; — de ses pro-
fondes connaissances en artillerie. — Caractère
dogmatique que Vauban imprime à la direction
des travaux ; — innovations principales qui lui
sont dues : — tracé des parallèles ; — meilleur
emploi de l'artillerie ; — les cavaliers de tranchée.
Division du siége en périodes. — 1ʳᵉ *Période*
— *Investissement* (investiture) ou période d'infanterie et de cavalerie. — Préparation d'un siége.
Attaque. — Manœuvres d'investissement ; —
tracé des lignes de circonvallation et de contrevallation ; — leur distance à la place ; — profils

d'infanterie ; — durée de construction ; — leur résistance à l'artillerie ; — caractères des divers profils proposés ; — profil ou épaulement de cavalerie.

Projet de siége : — attaques doubles liées ; — fausses attaques ; — opinion de Vauban au sujet des attaques multiples.

Établissement des parcs : — grand parc ; — petits parcs et dépôts de tranchée ; — hôpital et ambulances de tranchée.

Défense. — Rôle du gouverneur : — formation des approvisionnements ; — organisation du service de siége ; — compagnies bourgeoises. — Sorties extérieures. — Projet de sortie de Cormontaigne. — Rôle de l'artillerie. — Guetteurs.

Restauration des remparts ; — des fossés. — Petit chemin couvert. — Réduits de place d'armes. — Palissadements ; — question controversée à ce sujet ; — flèches de contre-approche ; ex. : Landau (1704), — Turin (1706). — Retranchements ; — difficulté de les exécuter pendant le siége ; ex. : Luxembourg (1684), — Charleroi (1693), — Ath (1697).

66ᵉ LEÇON. — 2ᵉ *Période.* — *Zone d'artillerie.*

— *Attaque*. — Première parallèle ; — son but ; — son étendue ; — distance à la place. — Deuxième parallèle ; — son but ; — distance à la place. — Troisième parallèle ; — son but ; — distance à la place. — Batteries de la première parallèle. — Utilité des demi-places d'armes. — Cheminements en zig-zag ; — boyaux ; — arrière-coins. — Manière d'ouvrir la tranchée ; — organisation des travailleurs (méthode allemande) ; — profil des tranchées : pour la fusillade et pour le franchissement. — Tracé des batteries ; — emploi du chandelier ou masque.

Sape volante : — son profil ; mode d'exécution. Redoutes d'appui de la deuxième parallèle : — mode de construction.

Sape pleine : — mode d'exécution au temps de Vauban ; — perfectionnements successifs ; — emploi du fagot de sape au lieu de sacs à terre, — du gabion farci au lieu du mantelet, — du plateau couvre-joint ; — mode d'exécution moderne ; — vitesse du travail. — Sape demi-pleine ; — vitesse du travail. — Sape enterrée des Allemands (Erzwallen) ; — son utilité.

Défense. — Emploi de l'artillerie. — Des sorties.

67ᵉ LEÇON. — 3ᵉ *Période*. — *Zone du génie.* — *Attaque*. — But des travaux : établissement des batteries de brèche et contre-batteries.

Exécution de la troisième parallèle ; — portion circulaire ; — sape debout ; — ses avantages ; — cas où on l'emploie.

Sape pleine double ; — sape enterrée double ; — tambours ou traverses tournantes ; — mode de construction ; — traverse à la Rougane ; — crémaillères ; — mode d'exécution en Allemagne.

Sape couverte. — Méthode allemande ; — application aux siéges de Tournay (1709), — de Douai et de Béthune (1710). — Projet du colonel Mockel.

T et cavalier de tranchée. — Son utilité ; — application au siége de Luxembourg (1681) ; — distance au chemin couvert. — Cavalier en sape pleine (dit en bon terrain) ; — cavalier en sape volante (dit en mauvais terrain) ; — cavalier en double sape ; — cavalier en buses de gabions ; — cavalier Guérin ; — modes de construction. — Durée d'exécution ; avantage du travail par atelier doublé.

But des batteries.

Couronnement en sape demi-double ; — couronnement de vive force ; — tracé.

Descente de fossé : — Descente blindée ; — descente souterraine.

Passage de fossé : — Passage de fossé sec. — Passage de fossé en eau dormante ; — tunages ; masque ou chandelier flottant. — Passage de fossé en eau courante ; — ponts de chevalets ; — ponts de radeaux. — Buses en gabion ; — mode d'exécution ; — marche-pied de manœuvre. — Avantage de l'exécution spontanée du passage de fossé par la mine ; — application au siége de Valenciennes (1677).

Défense. — Feux contre les sapes ; — opinion du général Rogniat sur leur efficacité ; — défense des chemins couverts ; — utilité des blockhaus réduit de place d'armes ; — ex. : siége de Mayence (1789), — de Dantzig ; — création d'abris derrière le parapet.

Petites sorties.

68ᵉ LEÇON. — 4ᵉ *Période.* — *Assaut.* — *Attaque.* — Méthode pour battre les murs en brèche. — Reconnaissance de la brèche. — Formation du nid de pie ; — à la sape volante ; — à la sape pleine. — Attaque du réduit. — Sape dans les parapets.

Assaut ; — ses préparatifs ; — époque de la journée à laquelle il doit être livré ; — ex. : siége de Valenciennes.

Défense. — Embuscades pour la défense des brèches ; — manœuvres d'eau contre le passage du fossé ; — déblai du pied des brèches par la mine ; — expériences de Bapaume.

Retours offensifs contre le nid de pie ; ex. : siége de Turin (1706) ; — défense de la brèche ; — bûchers ; — ruches d'abeilles ; ex. : La Chatée.

Attaque à la Coëhorn. — Méthode des bombardements ; — opinion de Vauban sur cette méthode d'attaque ; — Vauban condamne en principe l'attaque par bombardement ; pourquoi? — cas où il la juge utile ; ex. : siége d'Aire (1576), — de Turin (1706) ; — son projet de défense de Paris est conçu pour résister au bombardement. — Importance de l'attaque par bombardement contre des garnisons démoralisées ; ex. : siége de Philippsbourg (1688), — Namur (1692).

CHAPITRE III. — DOGMATISME. (DE 1682 A 1800.)

Vauban. — Ses efforts, à la fin de sa carrière, pour améliorer ses premiers tracés. — *Tracé de*

Casal (1682); — retranchement général ; — défauts. — *Tracé de Belfort* (1687); — emploi des tours ; — idée de la défense intérieure. — *Tracé de Neufbrissach* (1698) ; — description ; — examen. — Projet d'amélioration des tours de Vauban par Bélidor.

69ᵉ LEÇON. *Coëhorn* (1685). — Biographie ; — but qu'il se propose dans ses projets de fortifications ; — caractère théorique de ces projets. — 1ᵉʳ *tracé* : Description ; — habile emploi des terrains à niveau bas de la Hollande ; — organisation de la défense intérieure ; — examen. — 2ᵉ *tracé* : Description ; — examen. — 3ᵉ *tracé* : Description ; — examen. — *Tracé de Berg-op-Zoom* : — Description. — Principes d'éclectisme admis par Coëhorn ; — application du tracé tenaillé : — *Tracé des lignes de Groningue.*

Saint-Julien (1705). — Discussions soulevées par les projets de Vauban dans l'école française ; — projets de Saint-Julien ; — avantages des tracés à grands fronts ; — description ; — tendance vers le tracé polygonal.

Lansdberg le jeune (1712). — Application du tracé tenaillé ; — description ; — importance de la défense intérieure ; ex. : Gand (1708) ; — correction de ce tracé par Voigt (1713) ; — par d'Harsch (1719) ; — par Gloser (1728) ; — première application du glacis en contre-pente.

Sturm (1718). — Essai d'application des idées de Rimpler ; — système tenaillé ; — description ; — ses fossés à démolition ; — havres couverts.

70e LEÇON. — *Cormontaigne* (1730). — Cause de l'influence exercée par Cormontaigne sur l'école française ; — difficulté d'étudier son œuvre défigurée par Fourcroy. — Corrections proposées pour le tracé de Neuf-Brissach. — Description du front d'école ; — examen.

Belidor (1730). — Origine de son tracé ; — ses discussions avec Cormontaigne ; — description du front ; — dispositifs à démolition ; — examen.

Prospéri (1744). — Tracé dit de *grande fortification* ; — analogie avec le tracé de Rosetti ; — description ; — examen ; — tendance vers la fortification polygonale.

Auguste II (1737). — Application du tracé tenaillé ; — des défenses intérieures ; — feux concentrés superposés (origine des idées de Montalembert).

Rotberg (1744). — Système à défense intérieure et à ouvrages indépendants ; — casemates à étages.

71ᵉ LEÇON. *Rosard* (1751). — Emploi des casemates ; — des grandes lunettes.

Robilant (1757). — Emploi des systèmes à démolition ; — détails de ces systèmes.

Maréchal de Saxe (1757). — Système à défense éloignée ; — organisation de la défense rapprochée.

Filey (1762). — *Fortification perpendiculaire ;* — emploi du bastion du milieu de Rimpler ; — *mézalectre.*

La Chiche (1767). — Système de défense basé sur l'emploi de masses d'artillerie concentrées ; — emploi des casemates ; — origine des idées modernes.

Falois (1768). — Crémaillère pour la défense éloignée ; — batteries basses aux ailes de la demi-lune.

Trincano (1768). — Importance de son œuvre ; — ses inventions ; — traverses mobiles de chemin couvert ; — palissades mobiles ; — batteries couvertes ; — batteries cachées ; — applications.

Virgin (1781). — Organisation de la défense intérieure ; — systèmes à reliefs inverses ; — défauts.

Rhana (1769). — Exagération des dehors ; — ses principes ; — application singulière qu'il en fait.

Pirscher (1771). — Systèmes dits *primitifs circulaires* ; — principe exclusif de la défense éloignée.

Cugnot (1778). — Tracé primitif simple (origine des idées de Carnot).

72ᵉ LEÇON. *Enseignement dogmatique de l'école française : — Chatillon et Duvignau (1778). —* La gâche de Mézière ; — description. — Théorie des moments de Fourcroy.

D'Obenheim et Lesage (1807). — Correction du tracé de Mézière ; — suppression des casemates ; — expériences de Neufbrissach (an VIII) sur la fumée.

Dufour (1822). — Places d'armes destinées à fermer la trouée de la demi-lune.

École de Metz (1815). — Tracé rationnel du corps de place ; — *front moderne.*

Général Noizet. — Minutie des détails qu'il

introduit dans le tracé d'école ; — perfection graphique de son tracé.

Attaque et défense.

Caractère actif déployé dans les siéges des guerres de la Révolution et de l'Empire ; — attaques et défenses de vive force ; — le général Meusnier à Mayence (1793), — le général Lefebvre devant Dantzig (1807). — Les bombardements se multiplient ; — exemples de bombardements par les alliés : Valenciennes (1793), — Longwy (1793) ; — Verdun (1792) ; — exemple de bombardements par les Français : Maestricht (1794), — Bréda (1793), — Charleroi (1793). — Opinion de Carnot sur ce mode d'attaque.

Napoléon recommande les bombardements communicatoires ; — ex. : siége de Magdebourg (1806), — de Glogau (1806) ; — cas où ce mode d'attaque peut réussir.

Méthode d'attaque des Anglais en Espagne.

Le bombardement est-il contraire au droit des gens ? — Opinion du maréchal Santa-Cruz ; — réfutation de Carnot ; — il est moins désastreux que le siége en règle ; — démonstration du général de Blois ; — ex. : siége de Saragosse.

L'école française contraire aux bombardements

en principe, — elle les applique dans la pratique, suivant l'aveu de Bousmard ; — ex. : citadelle d'Anvers, — siége de Sébastopol.

Causes du succès des bombardements : — mauvaise organisation de la défense, — démoralisation de la garnison, — absence d'abris. — Impuissance du bombardement contre une bonne place, bien défendue.

SIXIÈME SECTION

CHAPITRE Ier. — FORTIFICATION BASTIONNÉE.

73e LEÇON. — État de la fortification au commencement du XIXe siècle. — Influence des idées de Cormontaigne. — Résumé des idées nouvelles préconisées par divers auteurs. — Influence considérable exercée sur les progrès de l'art par Montalembert.

Montalembert. — Origine de ses travaux sur la fortification. — Principe de la défense éloignée par de grandes masses d'artillerie; — dispositif d'application : — *tours angulaires;* — objections présentées contre ce dispositif; — applications qu'il a reçues. — Sa théorie est combattue par les ingénieurs français; — ses luttes; — ses travaux de l'île d'Aix ; — ses publications ; — persécutions exercées contre ses partisans dans le corps du génie français.

Critique du front bastionné par Montalembert ; — conclusion favorable aux fronts polygonaux et tenaillés : — examen. — Projet d'amélioration des fronts bastionnés.

74ᵉ LEÇON. *Carnot.* — Ses relations avec Montalembert ; — son histoire ; — il partage les idées de Montalembert sur la puissance de la défense par l'artillerie ; — il préconise le tir courbe couvert. — Paradoxe démonstratif. — Il recommande les sorties. — Défauts qu'il reproche aux types de Cormontaigne ; — corrections proposées. — Projet d'amélioration des places bastionnées.

Carnot n'est pas contraire au système bastionné ; — cas où il le recommande ; — son tracé.

Bousmard. — Influence qu'il a exercée sur les progrès de l'art. — Son tracé : — tracé du corps de place ; — du chemin couvert ; — de la tenaille ; — de la demi-lune ; — casernes défensives. — Tendance de cet auteur : augmenter la défense éloignée par l'artillerie (indépendance de la demi-lune) ; — sorties plus énergiques.

Chasseloup. — Ses travaux : — *Front de 400 mètres* ; — analogie avec le front de Bousmard. — *Front de 600 mètres ;* — se rapproche du système polygonal ; — caponnière avec affûts à éclipse. — Tracé d'Alexandrie.

Haxo. — Ses travaux ; — but de son tracé ; — rapprochement avec les tracés de Bousmard et Chasseloup : — discussion.

75ᵉ LEÇON. *Choumara*. — Importance de son œuvre ; — opposition qu'il rencontre chez les ingénieurs français ; — principe de l'indépendance des parapets ; — applications diverses. — Chemin de ronde ou corridor pour fusiliers ; — avantages et défauts. — Emploi du glacis intérieur pour couvrir les maçonneries. — Retranchements vers l'extérieur et vers l'intérieur. — Applications de ces idées.

76ᵉ LEÇON. — Applications diverses du tracé bastionné.

1° *Hollande*. — Tracé de Charleroi du colonel Ortwyn. — Tracé de Merkès. — Lignes de Hilsea (Angleterre).

2° *Belgique*. — Tracé de Diest. — Système du major Fallot.

3° *France*. — Tracé de Lille par le maréchal Vaillant.

4° *Allemagne*. — Correction du tracé bastionné d'après les idées de Montalembert.

5° *Russie*. — Tracé d'Ivangorod.

6° *Suède*. — Tracé de Carlsborg.

77° LEÇON. — Discussion des propriétés du tracé bastionné. — Les fléaux de la fortification selon Choumara : — Les parallèles enveloppantes ; — le tir à ricochet ; — le tir direct ; — la double enceinte conseillée en France ; — des retranchements ; — du flanquement complet ; — du tir plongeant ; — des feux courbes ; — des feux de tirailleurs ; — avantage de diminuer le nombre des postes défensifs ; — influence morale ; — des lignes de défense ; — limites d'application du front bastionné : — limite maximum ; — limite minimum. — Pour les petits fronts, les Français, quoique favorables au tracé bastionné, adoptent le tracé polygonal ; ex. : Lyon. — Résumé des défauts du tracé bastionné.

Chapitre II. — Fortification tenaillée.

Chapitre III. — Fortification polygonale.

— *Type Conti ;* — *Type de Cherbourg ;* — examen. — Exagérations dans lesquelles Montalembert est entraîné : — *fortification circulaire.*

Carnot. — Principe de sa *fortification primi-
tive ;* — opinion de Napoléon sur la supériorité
que peut donner à la défense l'emploi de l'artillerie ; — tracé de la place ; — tracé des contre-
approches ; — système à adopter pour la défense.

80ᵉ ʟᴇçᴏɴ. *Tracé de Coblentz.* — Introduction
des idées de Montalembert en Allemagne. — Elles
sont la suite d'anciennes traditions ; — erreur des
Français à cet égard. — *Tracé polygonal simple*
(enceinte) ; — examen. — *Tracé polygonal à
contre-garde* (fort Alexandro) ; — examen détaillé ;
— objections faites à ce système en France.

Tracé de Cologne. — Modification de l'enceinte
à bastions. — Front polygonal des forts.

Tracé de Vérone. — Modification de l'enceinte
à bastions. — Front polygonal des forts (fort
François-Joseph).

81ᵉ ʟᴇçᴏɴ. *Tracé de Gemersheim.* — Tracé de
l'enceinte ; — examen. — Tracé de la tête de
pont ; — examen.

Tracé de Posen (citadelle). — *Ancien front prussien;* — examen.

Tracé de Rastadt. — (Fort Léopold) *ancien front prussien perfectionné;* — examen. — (Enceinte) *nouveau front prussien bastionné;* — examen.

Tracé de Posen. — *Nouveau front prussien.* — examen. — Application à Kœnigsberg; — singulière analogie avec le tracé des fronts bastionnés 9-10-11 de Termonde.

Tracé de Minden. — Examen. — Application à Cracovie.

Tracé de Modlin. — Tendance des ingénieurs russes à imiter les tracés allemands, — (Première enceinte) tracé bastionné imité des tracés allemands; — tendance vers le tracé polygonal. — (Deuxième enceinte) tracé polygonal; — lunettes avancées à la Chasseloup; — examen.

Tracé d'Alexandrie. — Il marque également un premier pas vers la fortification polygonale. — Analogie des forts d'Alexandrie avec les forts de Lyon.

Tracé de Diest. — Projet de fortification polygonale pour la citadelle de Diest du major Fallot (1833). — Le tracé est imité de la forteresse russe de Dunamunde. — Discussion de ce tracé; — défaut des caponnières appliquées; — ce défaut fait rejeter le projet. — Opinion de Fallot sur le tracé polygonal; — application qu'il propose à l'enceinte de Diest; — front avec caponnière détachée en terrassements; — front avec caponnière appliquée en maçonnerie; — motif de l'adoption de ces tracés.

82ᵉ LEÇON. *Réforme de la fortification en Belgique* en 1860. — Projets de reconstruction d'Anvers présentés par le colonel Brialmont. — Premiers projets basés sur la fortification bastionnée : enceinte de sûreté et forts détachés; — discussions et polémiques que ces projets provoquent — Après le siége de Sébastopol, projets polygonaux que le même auteur propose; — discussion sur les escarpes revêtues. — Adoption en principe par le gouvernement du tracé polygonal; — application qu'il reçoit : enceinte de siége et forts avancés.

Type d'Anvers. — 1° *Type simple* (des forts). — Caponnière détachée. — Batterie flanquante haute. — Abris pour artillerie. — Discussion de ce tracé.

2° *Type composé à ravelin appliqué* (de l'enceinte). — Fossé. — Caponnière. — Contregarde ou couvre-face. — Batterie de premier flanc. — Batterie de second flanc. — Place de rassemblement. — Casernes défensives. — Portes de villes. — Ravelin. — Batteries basses. — Cavaliers. — Chemin couvert. — Communications. — Retranchement. — Améliorations dont ce tracé est susceptible.

3° *Type composé avec lunette avancée* (de l'enceinte). — Tracé des lunettes ; — leur but ; — utilité des contre-gardes ; — des glacis intérieurs.

83° LEÇON. — *Discussion du profil.* — Définitions : — plan de site ; — relief absolu ; — commandement sur une crête ; — commandement sur un plan.

Escarpes. — Leur but ; — cas où l'on peut renoncer aux escarpes revêtues. — Escarpes en terre ; — inclinaison ; — avantages des talus doux ; — bermes intermédiaires ; — opinion du général Totleben ; — haies d'épines. — Escarpes en maçonnerie ; — opinions diverses sur la hauteur nécessaire. — Formes diverses : — Escarpes détachées ; — avantage et défaut. — Escarpes

défilement ; — parados ; — défaut de ces batteries. — Espace nécessaire pour l'établissement d'une pièce sur un rempart ricochable et non ricochable. — Revêtements de batterie.

Relief absolu : — calcul du relief minimum pour un front polygonal ; — cas du fossé plein d'eau ; — cas du fossé sec ; — emploi du *fossé diamant* pour abriter les maçonneries.

Fossé. — Conditions auxquelles il doit satisfaire ; — limites de profondeur et de largeur ; — nécessité de glacis intérieurs pour couvrir les maçonneries ; — avantages de ces glacis.

Contrescarpe. — But des contrescarpes revêtues ; — limites de hauteur ; — profil proposé par le général Totleben ; — calcul des dimensions ; — formule de Vauban. — Contrescarpe pleine ; — avec voûtes en décharge ; — avec voûtes ouvertes ; — avec voûtes masquées.

Chemin couvert ; — son relief.

Glacis ; — son inclinaison.

84ᵉ ʟᴇᴄ̧ᴏɴ. *Type de front polygonal à fossé sec* du colonel Brialmont ; — description de ce tracé ; — comparaison avec le type d'Anvers ; — examen.

85ᵉ Leçon. *Comparaison du tracé polygonal avec le tracé bastionné et tenaillé.* — Système qu'il faut préférer. — Difficulté de faire cette comparaison : — méthode de Fourcroy; théorie des moments; — défauts de cette méthode de comparaison; — dépense absolue et dépense relative; — durée du siége; — causes qui peuvent les modifier.

Éléments principaux dont il faut tenir compte dans cette comparaison : — 1° étendue des remparts, — 2° importance de travaux d'art, — 3° surface couverte, — 4° facilité du service de surveillance contre les surprises, — 5° efficacité de la surveillance contre les attaques de vive force, — 6° puissance du flanquement, — 7° développement à donner aux tranchées d'attaque, — 8° puissance comparée des feux directs contre l'extérieur, — 9° vulnérabilité aux feux plongeants, — 10° puissance des feux de revers, — 11° facilité de l'application au terrain. — Pour établir une comparaison équitable, il faut supposer des types correspondant à une dépense de construction à peu près égale :

1ʳᵉ *hypothèse* : front tenaillé et bastionné simple, — front polygonal primitif.

2e *hypothèse :* — front bastionné simple, front tenaillé et polygonal à caponnières casematées.

3e *hypothèse :* — front bastionné à flancs casematés, — front polygonal à caponnière casematée et couvre-face.

4e *hypothèse :* — front bastionné à demi-lune et front polygonal à ravelin.

Résumé des avantages du front polygonal.

SEPTIÈME SECTION

FORTIFICATION SOUTERRAINE

86ᵉ LEÇON. Première application des mines à poudre : — attaque, siége du château de l'Œuf à Naples (1503) ; — défense, siége de Padoue (1509). — Exemples de guerres de mines : siége de Péronne (1536) ; — siége de Saint-Pol (1537) ; — siége de Thérouenne (1553) ; — siége d'Ostende (1601). — Habileté des mineurs belges ; — ils répandent leur art en Angleterre et en Allemagne.

Manière de combattre dans les contre-mines : — épier l'ennemi ; — le combattre à l'arme blanche ; — faire sauter les colonnes d'assaut ; — ex. : siége de Padoue.

Manière de combattre dans les mines : — faire brèche aux murs ; — dispositif employé : — la tombe ; — l'œil de la mine ; — Vigenère conseille les dispositifs en T.

Travaux de Deville. (1627). — Son habileté comme mineur. — Manière d'exécuter la galerie de brèche. — Premières données empiriques sur les effets des charges. — Ouverture d'une attaque de mine à distance : — la descente ; — la baume ; — l'allée ; — la taillade ; — approche des murs : puits et canal ; — puits en descente ; — cascanes.

Données de Freytag sur le calcul des charges ; — opinion émise par le colonel Lagrange à ce sujet ; — discussion.

Défense par les contre-mines : — galeries d'écoutes d'escarpe ; — leurs dangers ; — ex. : siége de Monte-Calvo ; — de Châtelet ; — de Salces. — Avantage des taillades extérieures.

Combats à l'arme blanche. — Camouflets ; — trous de sonde (origine des mines forées).

Travaux de Vauban. — Les mines au siége de Candie ; — mines forées ; — déblai du pied des brèches ; — leur effet moral. — Importance que Vauban attache aux expériences de Candie ; — ses rapports avec Goulon et Castellan. — Expérience de Maestricht (1673). — Son projet de rédiger un *traité de fortification souterraine*. — La pratique des mines est réglementée : — dimensions des puits et rameaux ; — vitesse d'exécution ; — bourrages ; — vitesse d'exécution.

Efforts de Vauban pour établir la théorie des effets de la poudre dans les mines. — Premières règles de calcul des charges indiquées par Saint-Remy ; — erreur de cette règle. — Vauban compare la mine à un mortier ; — relation de la charge avec le volume enlevé ; — *ancienne loi des mineurs*.

Effort pour déterminer la forme du volume de terre soulevé ; — ouverture admise pour les mines *raisonnablement chargées* : fourneau ordinaire. — Hypothèses diverses : cône de Vauban ; — cône tronqué attribué à Mesgregny ou La Motte.

Règles indiquées pour le calcul des charges par Vauban. — *Règles des mineurs.*

Limites admises pour les effets de rupture souterraines : sphère de rayon égal à la ligne de moindre résistance ; — La Motte croit l'effet latéral moindre que l'effet inférieur ; — explication singulière. — Expériences de Tournay de 1686 pour vérifier ces règles ; — mode vicieux

amorcer l'œil de la mine à coups de canon ; — règles de Vauban pour produire la brèche : dispositif en T à fourneaux tangents.

87ᵉ LEÇON. *Travaux de Goulon*. — Dispositif de fortification souterraine ; — examen. — Discussion sur l'emplacement qu'il convient d'adopter pour les galeries d'escarpe, — de contrescarpe, — sur l'avantage des dispositifs de mines permanents.

Travaux de Mesgregny (1671). — Description de son système d'après Gillot : — rectification d'après les fouilles de Tournay exécutées par le lieutenant Cocheteux (1848). — Difficulté de l'aérage des mines : — soufflets à porte-vents ; — foyer d'appel de Vidon (1724) ; — pompes à air du siége de Berg-op-Zoom (1747).

Travaux de Vallière (1716). — Recherches de Vallière sur la forme de l'entonnoir ; — hypothèse du paraboloïde ; — discussion au sujet des terres enlevées sous le centre des poudres. — Hypothèse du paraboloïde tronqué de John Muller ; — comparaison avec le cône tronqué ; — expériences récentes faites à ce sujet ; — explosion d'un fourneau dans le James-River ; — expérience de Metz

(1861). — La mine ne peut être comparée à un mortier.

Système de fortification souterraine de Vallière : — Dispositif élémentaire de fourneaux à étages ; — plan des fourneaux ; — leur distribution sur ce plan ; — galeries pour les établir ; — expérience de Strasbourg (1724). — Dispositif en pyramide rectangulaire. — Dispositif en pyramide hexagonale ; — expérience de Perpignan (1729). — Description du système de fortification souterraine basée sur l'emploi de ces dispositifs élémentaires ; — examen.

Travaux de Turmel (1731). — Exagération du système de fourneaux étagés de Vallière : — dispositif élémentaire à deux plans.

Travaux de De Lorme (1736). — Description du système de défense souterraine qu'il propose pour Metz.

Travaux de Cormontaigne. — Simplification du système de Vallière.

88ᵉ LEÇON. *Travaux de Belidor* (1729). — Ses efforts pour créer une théorie de mines. — Globes de compression ; — calcul de la charge en fonction du rayon du globe ; — conséquences : — la charge est indépendante du volume soulevé, — l'ouverture de l'entonnoir n'est pas limitée, — les effets de rupture souterraine peuvent s'étendre au delà de la ligne de moindre résistance. — Opposition de Vallière à cette théorie ; — expériences de La Fère (1729-1732) ; — objections présentées contre les résultats constatés ; — persécutions dirigées par Vallière contre Belidor ; — expérience de Bizy (1753) ; — nouvelles objections ; — expériences de Postdam (1754), — de Maestricht (1765), — de Brunswick (1770), — de Moldaustein (1753 et 1754), — de Verdun (1759). — Elles confirment la théorie de Belidor.

Méthode d'attaque déduite par Belidor de sa théorie : — 1° Détruire des galeries de contre-mines par les globes de compression ; — difficulté d'exécution. — 2° Convertir les galeries d'enveloppe en tranchées ; — expérience de Bizy (1753); — règles pour le calcul des charges. — 3° Projeter les canons des batteries de brèche dans le fossé ; — expérience de La Fère (1739).

Travaux de Lefebvre (1762). — Il perfectionne la méthode d'attaque par globes de compression de Belidor ; — application au siége de Schweidenitz (1662).

Travaux d'Étienne (1779). — Description de son système de mine ; — ses défauts ; — emploi des mines volantes.

École de Verdun (1758) ; — fondée par Belidor ; — elle passe sous les ordres de Vallière fils ; — elle devient hostile aux idées de son fondateur. — Elle s'attache à établir des règles précises pour le calcul des charges des fourneaux. — 1° *Fourneau ordinaire* ; — formule de la charge ; — table pratique ; — discussion des données de cette table. — 2° *Fourneaux surchargés et sous-chargés* ; — leur emploi peu fréquent ; — on persiste à admettre que la charge est proportionnelle au volume soulevé ; — formule dans l'hypothèse du cône tronqué ; — dans l'hypothèse du paraboloïde tronqué. — Nouveau préjugé sur les limites de l'entonnoir : — opinion de Struensée, à ce sujet ; — de Schwinck. — Charge du camouflet maximum ; — défauts théoriques de ces formules ; — cause probable de ces défauts : perte de gaz sans effet utile. — Méthode de correction par interpolation de Gumpertz et Lebrun ; — méthode analylique de d'Obenheim. — 3° *Globe de compression* ; — formules empiriques de Lebrun ; — défaut de ces règles : elles ne tiennent pas

compte des différences de résistance des galeries ;
— données d'expériences admises en France
d'après le capitaine Bardonneau. — Explications
données pour justifier l'aplatissement de la surface
de rupture : — d'Obenheim : perte de gaz ; —
Geuss : variation de dureté du sol ; — Mouzé :
exhaussement du centre de pression des poudres.
— La surface de compression est sphérique ; —
la différence des rayons de rupture doit être attribuée à la différence de résistance des galeries dans
les divers sens, suivant Gillot ; — expériences de
Montpellier. — Formules proposées par le professeur. — Le rayon de rupture d'une charge varie
avec l'ouverture de l'entonnoir.

Règles pour déterminer les longueurs de bourrage.

89ᵉ LEÇON[1]. *Travaux de Rugy*. — Dispositif
élémentaire en girandole. — Description de son
système de fortification souterraine. — Ventilateur
Rugy.

Travaux de Dubuat. — Système de fortification
souterraine dans les terrains aquatiques.

[1] Les leçons 89 et 90 ont été condensées en une seule
leçon.

Travaux de Mouzé (1790). — Description de son système.

Travaux de Marescot (1802). — Principe de son système de mine : — occuper le bas du terrain, — employer des galeries présentant la pointe ; — établir une abondante circulation d'air. — Description de son système ; — critique de Lebrun ; — corrections qu'il propose.

Travaux de Gillot. — Puits d'attaque à la Boule (1747) ; — expériences de Metz (1801) pour constater leur effet ; — données qui en résultent ; — rapidité avec laquelle on peut détruire une écoute par ce moyen ; — système d'attaque que Gillot propose d'adopter pour appliquer ce résultat ; — ses défauts.

Description du système de fortification souterraine de Gillot ; — examen.

Travaux de Gumpertz et Lebrun. — Ils se prononcent contre les dispositifs à étage ; — nécessité d'occuper le bas du terrain ; — distribution des fourneaux de manière à défendre toute la surface ; — défauts de ce système.

Description de leur système de fortification souterraine dit *système simple*.

Correction apportée à ce système par Lebrun ;

— *système composé;* — dispositif à deux étages dont l'usage est facultatif.

Système de Marcelot. — Manière d'éviter l'emploi des deux étages de fourneaux par les *contre-globes de compression;* — mode adopté pour leur chargement; — ce dispositif est imité du capitaine d'Eserot.

Description de son système de fortification souterraine.

Système de Rohaut de Fleury. — Contre-puits; — chargeoir; — mandrins de bourrage; — rameaux de combat; — bourrage en bois calibrés. — Contre-puits forés du capitaine Lebas. — Camouflets contre-puits du colonel Thuillier; — machine à camouflets.

90ᵉ LEÇON. *Commandant Dautheville.* — Disposition de fourneaux qu'il propose; — origine des fourneaux en retirade.

Commandant Bouthault. — Système de Montpellier (1840); — ventilateur Bouthault; — gaînes à clapets. — Ventilateur du colonel Rousseaux.

Colonel Romphleur. — Fourneaux à charge après bourrage; — examen des propriétés de ces fourneaux.

Commandant Challaye (1839). — Méthode d'attaque par puits successifs.

Commandant Tholer. — Mines forées ; — engouement pour ces mines en France ; — essais des mines forées à Sébastopol. — Système de défense souterraine basée sur leur emploi.

Commandant Laloy. — Bourrages prolongés ; — gaînes Laloy ; — méthode d'attaque basée sur ce dispositif.

Conclusion : — système défensif proposé par le commandant Saumade ; — rameaux de flancs ; — transversales interrompues.

Résumé des méthodes d'attaques : — 1° Attaque de vive force. — 2° Attaque par globes de compression, ou à la Belidor. — 3° Attaque par puits d'attaque, ou à la Gillot. — 4° Attaque par puits successifs, ou à la Challaye. — 5° Attaque par rameaux, successifs ou à la Laloy.

TROISIÈME PARTIE

DEUXIÈME ANNÉE

APPLICATIONS TACTIQUES DE LA FORTIFICATION

CHAPITRE Iᵉʳ. — PRINCIPES GÉNÉRAUX DU TRACÉ.

91ᵉ LEÇON. — Des forteresses ou places de guerre. — Places parfaites : — principe de la pondération de résistance sur toutes les parties de l'enceinte. — Relation entre la dépense de construction et la population des villes. — Défauts des petites places. — Moyen d'économiser la dépense de construction par la création d'un quartier militaire ou *citadelle;* — son utilité dans la défense; — grandeur de la citadelle; — principe à adopter; — ex. : Cambrai, — Lille. — Application du principe de pondération de la résistance aux citadelles; — leur construction; — conditions militaires à observer. — *Réduit :*

de ces ouvrages ; — ex. : lunettes de Luxembourg, — projet de Paris.

Différence entre les camps retranchés tactiques et stratégiques.

Exemples divers de camps retranchés : — Projet de Pierre le Grand pour Cronstadt. — Système de fortification du maréchal de Saxe. — Construction adoptée à Schweidnitz par Frédéric II. — Système de défense pour Cherbourg, de Montalembert. — Système de d'Arçon ; — son application à Mayence.

Différence entre les ouvrages extérieurs : — 1° ouvrages additionnels (extension des dehors) ; — 2° ouvrages avancés ; — 3° ouvrages détachés.

Défenses naturelles ; — ressources qu'elles offrent dans l'exécution d'une place. — Influence qu'elles peuvent exercer sur le :

1° *Profil :* — ses propriétés au point de vue de la puissance du feu ; — de l'obstacle ; — de la masse couvrante. — Origine du défilement ; — défilement intérieur ; — défilement extérieur ; — défilement à la vue ; — nécessité du défilement plongeant. — Opinions diverses sur la distance à laquelle on doit exécuter le défilement intérieur; — limites du défilement plongeant; — différences que les difficultés du défilement font admettre pour les divers ouvrages; — influence exercée par la nature des armes que l'ennemi peut employer; — hauteur au dessus du terrain dont il faut se défiler. — Distance dont il faut défiler les maçonneries. — Exemples divers de l'influence que les obstacles naturels peuvent exercer sur le choix du profil.

92ᵉ LEÇON. — 2° *Tracé :* — ses propriétés au point de vue de la puissance du feu; — de l'obstacle; — de la masse couvrante. — Exemples divers de modifications de tracé sous l'influence des obstacles naturels. — Défilement horizontal; — assiette de la place.

Préférence accordée par les anciens ingénieurs aux places régulières. — Avantage des fronts en ligne droite signalé par Fabre (1629). — L'importance du tracé en ligne droite croît avec l'invention du ricochet; — Vauban ne paraît pas y avoir attaché d'importance; — ex. : Landau, — Neufbrissach. — Cormontaigne adopte les idées de Fabre; — ses projets pour Landau; — Strasbourg. — Principe posé par Fourcroy. —

Cas où l'on peut appliquer le tracé des fronts
en ligne droite suivant Noizet; — critique de
cette proposition par : — Brialmont, — Prévost
du Vernois, — Bousmard. — Cas où ce tracé
offre quelque avantage. — Avantages des places
régulières.

Circonstances qui amènent à s'écarter des
tracés réguliers : — 1° La forme des lieux habités
à couvrir ; — tracé en dedans et en dehors ; —
application à Anvers. — 2° La nature du sol. —
Fossés aquatiques ; — objections contre l'emploi
de ces fossés : — gelée ; — moyens de corriger
leurs défauts ; — remparts de glaces ; — cunettes ; — inclinaison des couches géologiques
du sol, ex. : Anvers : — bâtardeaux, biefs et
retenue. — Manœuvres d'eau ; — manœuvre de
plein, — de vide, — chasses. — Fossés secs, leurs
avantages. — 3° Les voies de communications :
Routes ; — défauts des tracés sinueux. — Chemins
de fer ; — le tracé des remparts est subordonné
à leur direction ; — avantage des stations intérieures ; — ex. : Metz, — Belfort.

Des portes de ville : — nécessité d'en défendre
l'accès ; — ex. : Metz. — Difficulté de concilier
les besoins militaires et civils ; — largeur qu'il

convient de donner aux passages ; — ex. : Lille, — Anvers. — Manière de les barrer. — Ponts : — ponts dormants, — mobiles ; — digues. — Types divers de ponts mobiles : — pont à bascule à flèche ; — pont à bascule inférieure ; — pont à sinusoïde de Belidor ; — pont à la d'Obenheim ; — pont à la Delille ; — pont à la Bergère ; — pont à la Derché ; — pont à la Poncelet ; — pont tombant ; — pont roulant à culée articulée et à culée mobile. — Comparaison.

Sites divers : — sites simples ; — sites composés.

Chapitre II. — Applications aux divers sites.

93ᵉ leçon. — A. *Site de plaine*. — Inondation. — Blancs d'eau. — Inondations d'amont ; — bassin unique ; — bassins successifs ; — bassins multiples ; — ex. : Metz. — Résultats accessoires des inondations d'amont : — manœuvres d'eau dans les fossés ; — manière de les organiser ; — inondations latérales ; — inondations vives ; — inondations d'aval. — Confiance qu'il faut accorder à ce moyen de défense. — Inondations par les marées ; — ex. : Anvers ; — leurs

d'eau ; — têtes de pont, — ex. : Huningue ; — cas où on peut les négliger, — ex. : Vieuxbrissach.

Avantages des inondations pour la création des camps retranchés tactiques : ex. : Lille, — Dunkerque. — Principe de Noizet.

Citadelles. — Choix de leur emplacement par rapport aux inondations ; — discussions soulevées au sujet de l'emplacement de la citadelle d'Anvers en 1567 ; — discussion analogue en 1860. — *La citadelle-réduit* et *la citadelle-renfort*.

Camps retranchés. — Utilité des obstacles naturels pour les créer ; — ex. : Lille, — Dunkerque. — Principe de Noizet Saint-Paul ; — défauts du camp retranché de Maubeuge. — Projets divers de camps retranchés tactiques proposés ou exécutés à Anvers : — projet de Napoléon Ier (1810) ; — du général Eenens (1845) ; — camp retranché de 1851.

B. *Site de marais*. — Difficulté des approches dans ce site. — Simplification du tracé. — Défense des digues servant de communication ; — ex. : Mantoue. — Création de marais artificiels. — Défenses des digues intérieures.

94ᵉ LEÇON. — C. *Site de hauteur*. — Rareté d'un site simple de hauteur. — Tracé de l'enceinte réglé par les crêtes. — Avantages que présente la fortification polygonale pour la simplicité d'application. — Camps retranchés de hauteur ; — ex. : Mont-Royal. — Roc pelé ; — ex. : fort Saint-Quentin, à Metz.

Application de la fortification au terrain. — Site artificiel. — Manière de déterminer l'assiette de la place pour conserver l'uniformité du relief. — Cas où il faut recourir à des plans de sites multiples ; — défauts de leur emploi.

Principes du tracé ; — une ligne de hauteur ascendante ; — une ligne de hauteur parallèle. — Avantage d'occuper la hauteur ; — opinion de Violet-le Duc ; — difficulté d'application : — ex. : tracé d'une enceinte sur un éperon saillant. — Cas où il faut recourir aux *Crémaillères*. — Types de crémaillères : — crémaillères en dedans, — en dehors. — Nécessité fréquente de compléter les tracés par des ouvrages intérieurs ; — ex. : Fribourg, — Ath.

Défilement, — à la vue, — plongeant ; — défilement intérieur, — extérieur, — des maçonneries.

95ᵉ LEÇON. *a.* — Défilement intérieur; — zone dangereuse. — Défilement d'une ligne isolée; — cas divers.

Défilement d'un saillant; — cas divers.

Application au tracé polygonal.

96ᵉ LEÇON. *b.* — Défilement extérieur; — zone dangereuse.

c. — Défilement des maçonneries; — zone dangereuse.

D. — *Sites maritimes.* — Parti qu'on peut tirer des inondations de marée ou laisses de basse-mer; — ex. : Saint-Sébastien. — Nécessité de fortification intérieure; — débarquements. — Précautions pour protéger les ports contre le débarquement; — forts de terre et forts de mer; ex. : Portsmouth.

E. — *Site de plaine et marais.* — Centre d'habitation sur un côté du marais; — ex. : Menin; — en travers du marais; — ex. : Audenarde.

F. — *Site de plaine et hauteur.* — Ville haute et ville basse; — ex. : Charleroi, — Montmédy.

G. — *Site de hauteur et marais.* — Ouvrages à revers; — ex. : Diest.

H. — *Site de hauteur, plaine et marais.* — Ex. : Belfort, — Mons.

Chapitre III. — Ouvrages extérieurs.

97ᵉ leçon. A. — *Ouvrages additionnels.* — Définition. — Lunettes; — redans; — flèches; — leur utilité; — leurs communications. — Lunettes de Luxembourg; — lunette de l'École de Mézières; — lunettes de Charleroi. — Ouvrage à corne; — cornichon; — ex : ouvrage à corne de Belfort. — Bonnet de prêtre; — tracé en queue d'hyronde; — en contre-queue d'hyronde. — Couronne; — double couronne; — ex. : ouvrage Belle-Croix à Metz; — couronné; — ex. : Philipsbourg. — Conclusion : — type d'ouvrage additionnel à tracé polygonal.

B. — *Ouvrages avancés.* — Exemples divers : Lunette de Bousmard, — de Chasseloup, — de d'Arçon, — ouvrages avancés d'Alexandrie, — de Mayence, — forts d'Ulm. — Forts d'Anvers (1852). — Pâté; — pièces noyées; — pièces de revers; — ex. : fort Léopold à Diest. — Conclusion : — type de fort avancé.

98ᵉ leçon. C. — *Ouvrages détachés.* — Types divers : — redoutes carrées; — leur défaut; —

ex. : petit Gibraltar, à Toulon. — Forts d'Enns. —
Forts étoilés ; — projets d'Anvers (1810). — Forts
à bastions plats ; — à demi-bastions : — en chemise. — Forts polygonaux ; — ex. : fort du Nord
à Anvers. — Forts bastionnés français ; — ex. :
fort Louis, de Dunkerque, — fort François d'Aire,
— fort de Knoque, — fort Louis du Rhin, —
fort Stengel, à Anvers ; — forts projetés pour
Anvers en 1810 : — fort de Borgerhout, — de
Berchem, — de Zwyndrecht, — de Merxem, —
de Burght ; — forts projetés pour Anvers en 1855
par le général De Lannoy.

Projets de forts de Montalembert : — fort de
Provence, — de Bourgogne, — d'Angoulême ; —
examen. — Tour Martello ; — canons à pivot ;
— comparaison avec les forts du maréchal de
Saxe. — Tours maximiliennes. — Tours Per-
tusier.

Méthodes proposées pour préserver les maçonneries contre le canon. — Cuirasses en pierres
dures ; — Pierre Frans conseille leur emploi à
Anvers en 1542 ; — expériences anglaises.
Cuirasses en fer de Gustave Adolphe, — en lames
de fer ; — application par M. de Verdun, à Gibraltar ; — projet de d'Arçon ; — de Paixhans

(1809), — du général Ford, en 1827 ; — expériences de Metz (1834). — Système de Robert et Edwin Stevens (1842) ; — études sur les cuirassements. — Tentatives pour abriter l'artillerie contre les coups du dehors. — Masques en terre à la Haxo ; — leurs défauts. — Batteries à pivot du général Wurmb ; — défauts des embrasures de casemates. — Projets de batteries cuirassées : Système d'Albert Durer. — Système de Charles de Néandre (1793) ; — expérience de Walsdorp (1841). — Projets Cavalli ; — batterie Atratina à Gaëte. — Blindage en rails du colonel Mockel (1854) ; — application à Belfort. — Coupoles : — projet de Baltard (1831) ; — de Coles ; — application au Bas-Escaut. — Cas où il y a lieu d'appliquer les coupoles.

Type d'ouvrage détaché polygonal. — Description de la citadelle du Nord à Anvers. — Projet de forts de digues du colonel Brialmont.

QUATRIÈME PARTIE

DEUXIÈME ANNÉE

APPLICATIONS STRATÉGIQUES DE LA FORTIFICATION

CHAPITRE Iᵉʳ. — PRINCIPES GÉNÉRAUX

99ᵉ LEÇON. — Définitions : — théâtre de guerre,
— vallées longitudinales, — transversales, —
montagnes, — côtes maritimes, — déserts. — Barrières naturelles, — artificielles. — Fortifications
stratégiques ou applications de l'art défensif dans
un but national.

L'art de la fortification stratégique n'apparaît
que d'une manière confuse dans l'antiquité et au
moyen âge :

Les oppidums des anciens ont un caractère
national pour des tribus restreintes, — mais ils
acquièrent le caractère communal pour les fédé-
rations ou nations.

Chez les Romains, les fortifications ont généralement pour but de créer des postes d'occupation locale ; — elles ont cependant un caractère stratégique dans beaucoup de cas ; — ex. : Cologne (Colonia Agrippina), place offensive ; — Bourges (Vesontio), place de dépôt ; — murailles de Probus, barrière ; — murs Pictes ; — murailles chinoises ; — murs de Syène à Philoé.

La fortification au moyen âge a le plus ordinairement un caractère personnel ou communal ; — on trouve néanmoins quelques exemples de fortifications stratégiques ; — ex. : Carcassonne, — Château-Gaillard. — Le caractère stratégique se montre à l'évidence dans les constructions des Croisés en Palestine ; — démonstration.

L'art de la fortification stratégique est moderne : — Sully essaie de substituer en France des places nationales aux châteaux féodaux : — *Système de dispersion en échiquier* sous Henri IV ; — opinion de Rohan, — de Frédéric II. — Sous Louis XIV, on lui substitue le système de *Barrière :* — chaînes et cordons ; la *frontière de fer ;* — nombre des places françaises en 1705. — On attribue l'origine et les premières règles de cet art à Vauban.

Caractères généraux des systèmes proposés pour la défense des États.

Système de barrière, — attribué à Vauban par Cormontaigne ; — erreur de cette affirmation ; — Louis XIV et Louvois en sont les créateurs ; — sous Louis XIV, l'organisation des frontières était considérée comme science d'homme d'État et non d'ingénieur. — Tracé du système défensif, dit de Vauban, selon Noizet Saint-Paul ; — but de diverses places ; — leur espacement ; — leur garnison ; — postes intermédiaires ; — frontières maritimes. — Tracé selon Bousmard. — Opinion sur ces systèmes : de Lloyd, — de d'Arçon, — de Bousmard. — Tracé déduit des lignes défensives de la France en 1791 : — 1re ligne de combat ; — 2e ligne de réserve ; — 3e ligne de tolérance ; — classification des divers postes fortifiés.

Opinion de Vauban sur ces systèmes défensifs ; — sa lettre à Catinat ; — ses projets de démantèlements partiels. — Opinion de Napoléon, — de Rogniat, — de Gassendi, — de Duvivier.

Système de dispersion absolu. — La démolition des places préconisée à l'époque de la Révolution française à cause de leur faible résistance ; — paradoxe de Machiavel ; — note de Napoléon à ce sujet. — La démolition des places fortes érigée en système est attribuée à Joseph II ; — objections de Bureau de Puzy, — ses paradoxes. — Examen des idées de Joseph II sur le système défensif ; — motifs de la démolition des places belges.

En 1815, l'opinion se prononce de nouveau contre les places fortes. — Guerre de 1870.

Vauban recommande les camps retranchés tactiques. — Son projet de défense de Paris. — Applications diverses pendant la guerre de la succession d'Espagne ; — de 1706. — Opinion de Napoléon, — de Frédéric II. — Construction des camps retranchés de Silberberg, — de Neiss, — de Schweidnitz. — Exemple de leur utilité : — Bunzelwitz. — Ulm, — Gênes, — Torrès-Vesdras. — Ils acquièrent le caractère de défenses permanentes : — formule de Rogniat pour leur tracé ; — critique de Napoléon ; — on doit tenir compte des obstacles naturels dans leur tracé. — Progrès réalisés par les ingénieurs modernes.

100ᵉ LEÇON. — *Système de concentration absolu.* — appliqué par Wellington en Portugal. — Pourquoi il s'écarte de ce système en Belgique : antagonisme de l'Angleterre et de l'Allemagne ; — il feint de ne pas trouver de position défensive centrale ; — convention d'Aix-la-Chapelle. —

Description du système belge de 1815 : — tête de pont anglaise, — lignes allemandes, — lignes néerlandaises.

Système de Duvivier ; — application à la France ; — le *delta* de la Loire et de l'Allier ; — fortifications qu'il veut appliquer ; — les ports de refuge.

Système de concentration en échiquier. — Projet de Rogniat (1816) ; — distance entre les places ; — place centrale sur la Loire ; — critique de Duvivier.

Système de concentration en lignes parallèles. — Son analogie avec le système de Rogniat ; — critiques de Napoléon ; — formule proposée par Rogniat (1823). — Camps retranchés de frontière ; — grandes villes et capitales.

Système de concentration en lignes perpendiculaires. — Système de l'archiduc Charles ; — trois classes de places ; — place d'arme centrale ; — opinion du général Marescot.

Systèmes mixtes : — Système de Marmont : — une place de dépôt et quelques places de manœuvres à la frontière.

Système de Napoléon : — création de grandes places de manœuvres ; — ex. : Anvers, — Alexandrie; — ses projets pour Paris; — motif de leur abandon; — projet du général Cathcart (1803) pour Londres. — Application partielle à Paris en 1815.

Système de Sainte-Suzanne (1819) : — places frontières; — places de l'intérieur; — réduit central. — Application à la frontière du Nord de la France; — type de fortification pour les places; — Mauvais choix des positions recommandées.

Système de Cournault : — Analogie avec le système en lignes parallèles; — Distribution des places sur la frontière nord de la France.

Système de Jomini : — Analogie avec le système de l'archiduc Charles.

Système de Paixhans (1830) : — lignes de cordon; — lignes perpendiculaires; — position centrale.

Système de Noizet (1859) : — exagération du système de cordon de Cormontaigne; — compléments : fortifications des grandes villes; — de la capitale.

101ᵉ LEÇON. — *Système de défense adopté sur les frontières limitrophes de la Belgique :*
A. — Description de la frontière Nord-Est de

la *France* en 1870. — Cordon modifié. — Les objectifs, Paris et Lyon fortifiés ; — résolutions de la commission de 1818. — Places de dépôt à Lille, Metz, Langres, Belfort. — Modifications probables de ce système.

B. — Système défensif *belge* de 1831. — Modifications du système de la Sainte-Alliance à la suite de la Révolution de 1830. — Discussions soulevées à la Conférence de Londres au sujet des places belges ; — prétentions de la France. — Projet du général Goblet : — son but, — relier Anvers à l'Allemagne ; — son exécution partielle : Diest. — Débats de 1843 au Parlement. — Principes de la commission de 1847. — Place de refuge ; — ligne de l'Escaut ; — ligne du Demer ; ligne de la Meuse ; — frontière maritime.

C. — Système défensif *hollandais*. — Application du système de cordon ; — démolition des *places dangereuses* ; — ligne du Sud ou de la Meuse ; — ligne de l'Yssel ; — ligne de la Grebbe ; — ligne d'Utrecht ; — lignes d'Amsterdam ; — position du Helder ; — position de Groningue-Delzyl.

D. — Système défensif du Nord, de l'Ouest et du Sud de l'*Allemagne*. — Application du système à polygone concentré; — lignes d'opérations probables d'une armée française; — cordon à défense concentrée du Rhin et du haut Danube; — frontière maritime; — polygone concentré de Berlin; — influence des places latérales de Minden et Wurtzbourg. — Dispositifs spéciaux pour assurer les conquêtes récentes de l'Allemagne : Schleswig, — Alsace, — Lorraine.

102e LEÇON. — Résumé des éléments qui composent un système défensif :

A. — *Lignes parallèles aux frontières*. — Conclusions trop absolues tirées des guerres de 1815 et 1870 contre le système de cordons; — objections contre ce système : — Détachements trop considérables; — Napoléon recommande la défense par la garde nationale; — dangers de ce système; — ex. : Neufbrissach; — défense par les débris de l'armée en retraite; — danger de ce système; — ex. : Strasbourg. — La défense des places exige de bonnes troupes. — Défaut de la division du commandement; — il se corrige par l'emploi des dispositifs concentrés. — Examen des avantages du système de cordon. — Il n'est recommandable qu'à la condition d'exiger peu de troupes ; — cas où il peut être appliqué : — montagnes, — ex. : Alpes ; — défense du fort de Bard, — du col Bredil ; — fleuves parallèles, — ex.: Rhin ; — marais, — ex.: lignes de l'Yssel et de la Grebbe en Hollande ; — côtes maritimes ; — sémaphores pour établir les relations avec la flotte. — Cas où l'on peut utiliser des obstacles partiels : — nœuds de routes, — ex. : Lintz ; — nœuds de chemins de fer, — ex. : Koningstein, Theresienstadt, Köningratz en 1866, — Toul, Metz en 1870. — Places d'arrêt. — Utilité d'une place de dépôt par frontière ; — situations avantageuses : — à l'abri d'un fleuve, — ex. : place du Rhin ; — nœuds de lignes ferrées, — ex. : Metz ; — cours d'eau perpendiculaires au confluent de rivières, — ex. : Ulm, Mayence ; — nœuds de montagnes, — ex. : Langres ; — côtes maritimes, — ex. : Cherbourg, Sébastopol, Portsmouth.

B. — *Lignes perpendiculaires à la frontière.* — Cas où elles sont applicables. — Places manœuvres ; — défaut des places sur la ligne d'opération ; — avantage des places latérales ; — utilité que peut quelquefois présenter une deuxième ligne parallèle. — Nécessité d'un objectif principal fortifié ; — opinion de Napoléon à ce sujet. — Difficulté de découvrir les bonnes positions latérales ; — condition nécessaire de leur établissement ; — retraites latérales ; — opinion de l'archiduc Charles. — Forts d'arrêt : — Leur utilité ; — ex. : Toul en 1870. — Forts à démolition : — leur utilité ; — ex. : tunnel de Nanterre en 1870 ; — conditions nécessaires à leur établissement.

C. — *Places de refuge*. — Opinion de Vauban et de l'archiduc Charles sur la fortification des capitales ; — dangers qu'elle peut présenter ; — cas où il faudra adopter une autre position centrale. — Manière de fortifier les places de refuge.

Résumé des principes pour la création d'un système défensif d'après le colonel Brialmont.

Application : — *a*. système de défense *belge* : La Belgique a la première adopté le système de concentration ; — ses formes restreintes à cause du peu d'étendue du pays. — Recherche du point favorable à l'établissement d'une place de refuge : — Projet du colonel Huybrechts pour Ostende (1843) ; — du colonel Eenens pour Anvers (1845) ; — système prôné par le lieutenant Vandevelde : Bruxelles (1849). — La Commission de 1847 adopte Anvers. — Construction du camp retranché

tactique de 1851 ; — critiques de ces travaux. —
Création du camp retranché stratégique de 1859.
— Projet de quadrilatère (Anvers-Lierre-Malines-
Termonde) du colonel Brialmont. — Places auxi-
liaires de Diest, — Liége, — Namur ; — leur
utilité.

b. Système de défense du Nord de l'*Italie*. —
Il forme une application complète des principes.
— Défenses naturelles de l'Italie ; — lignes d'opérations probables. — Défense du Piémont ; — discussion sur les avantages réciproques des positions
de Plaisance et d'Alexandrie ; — cordons de frontières ; — création de compagnies Alpines. — Défense du Lombard-Vénitien ; — discussion des
avantages réciproques des positions de Mantoue
et de Vérone ; — cordon de frontière. — Défense
de l'Emilie ; — utilité de la place de Bologne ; —
Défense des Apennins.

CHAPITRE II. — PLACES DE REFUGE.

103ᵉ LEÇON. — Double caractère de ces places :
places de dépôt et places de manœuvres. — Les
études des fortifications de Paris ont donné
naissance aux divers types proposés ; — ils se

classent en deux groupes : défense directe et défense indirecte.

1ᵉʳ GROUPE. — Projet du *maréchal de Vauban* (1689). — Deux enceintes : — enceinte de sûreté (mur d'octroi) et enceinte de siége ; — leur but.

Général Belair (1796). — Enceinte avec forts extérieurs ; — imité du tracé de Montalembert pour Cherbourg.

Commission de 1818. — Avantage de la défense par des forts détachés ; — ex. : Gênes ; — Dantzig ; opinion du maréchal Soult. — Défaut de la défense par les enceintes continues ; — ex. : Ismaïl, Ulm, Valence. — Opinion du général Chasseloup et de Napoléon au sujet d'Alexandrie ; — du général Rogniat ; — du général Barnard. — La Commission se prononce pour une enceinte de sûreté avec forts détachés ; — motifs de l'adoption de l'enceinte de sûreté.

Généraux Prévost du Vernois (1818), *Haxo, Pelet et Valazé.* — Ils conseillent une simple enceinte de siége rapprochée ; — défauts des enceintes formées de forts détachés, — ex. : Schweidnitz, Badajoz. — Le bombardement est impuissant à amener la reddition des places suivant Valazé, — ex. : Lille, Gênes, Sarragosse.

Général Richemont. — Enceinte de siége éloignée ; — motifs de ce projet ; — il est conseillé
également par le capitaine Madelaine.

Général Paixhans. — Double enceinte ; — enceinte avancée à larges intervalles.

Général Précost du Vernois (1823). — Enceinte
de siége avec tours à défense intérieure ; — forts
détachés (1830).

Maréchal Marmont. — Son opinion sur Lintz ;
— inutilité de l'enceinte ; — on doit se borner à
des forts extérieurs. — Défenses de Paris en 1830
ordonnées par le maréchal Soult.

Commission de 1841. — Système mixte : enceinte avec forts extérieurs ; — il réalise l'avantage des divers systèmes. — Rapport de M. Thiers
à la Chambre des députés.

2e GROUPE. — *Général marquis de Chambray.*
— Défaut de Paris comme place de refuge ; —
création d'une place militaire ; — dispositifs
variés.

Colonel De Laage (1829). — Trois camps extérieurs.

Général Paixhans. — Place centrale avec polygone enveloppant extérieur ; — type qu'il conseille ; — mode d'assurer l'approvisionnement.

Capitaine Madelaine. — Grande enceinte et ligne de places extérieures.

Capitaine Rocquencourt. — Forts détachés et lignes de places extérieures ; — analogie de ces systèmes avec le quadrilatère italien dit à *polygone concentré*.

104ᵉ LEÇON. — *Choix de la position de la place de refuge*. — Opinions en faveur de la capitale ; — défaut des grandes capitales. — Projets de places militaires : — Auguste II ; — maréchal de Saxe ; — Landsberg ; — type du colonel Brialmont ; — cas où cette solution peut être adoptée. —Avantages des grandes villes ; —moyen d'atténuer les défauts de ce choix ; — systèmes à défense intérieure ; — opinion de Vauban ; — motif pour lequel cette précaution a été négligée à Paris. — Avantages des systèmes à polygones concentrés pour les grandes villes ; — projet des colonels Vandevelde et Brialmont pour la défense de Londres (1859 et 1862) ; — système de défense de Berlin. — Des capitales civiles et militaires ; — circonstances où il convient de les séparer ; — application de ce principe à Anvers ; — discussions soulevées à ce sujet.

Forme de l'enceinte. — Avantage des enceintes fermées; — discussion soulevée à ce sujet; — opinion du général Brialmont sur leur influence morale. — Cas où l'on peut se borner à l'enceinte de sûreté; — où il faut une enceinte de siége.

Profondeur du camp retranché. — Règles théoriques; — variation avec les progrès de l'artillerie; — défaut des positions trop étendues. — Nécessité d'étendre les camps pour rendre le blocus difficile; — ex. : Metz, Paris. — Places dites à grand développement : — Projets du commandant Ferron et du général Tripier pour Paris; — ligne stratégique et tactique; — leurs limites.

Constitution du front du camp retranché. — A. — *ligne continue;* — ex. : Lyon, Modlin.

B. — *Forts à flanquements réciproques;* — ex. : Lintz. — Projet du major Cavalli pour Turin; — son origine; — opinion émise par Napoléon; — ex. : 1re ligne de Vérone; — Anvers (1810) ; — Alexandrie.

C. — Forts sur plusieurs lignes; — ex. : Coblentz, — Vérone (1859), — Bologne (1860). — Projet du général Mayer, — du major Schumann.

D. — Forts à défense indépendante; — ex. :

Metz , Paris , Cracovie, Olmuts , Portsmouth,
Anvers.

Conclusions. — *Constitution intérieure des
camps retranchés.* — Avantage des camps multiples ; — ex. : Barcelone , Toulon , Mayence,
Dantzig, Oporto, Valence ; — difficulté d'application aux places stratégiques ; — séparations
naturelles ; — lignes à double défense. — Importance d'une division du camp des places à grand
développement ; — type proposé par le colonel
Brialmont ; — application à Paris.

CHAPITRE III. — PLACES DE MANŒUVRES.

105e LEÇON. — Différence avec les places de refuge. — Avantages des places purement militaires ;
— difficultés d'application ; — dangers des insur-
rections militaires ; — ex. : Strasbourg (1815), —
furie espagnole à Anvers (1576) ; — opinion du
colonel Lewal, — du général Uhrich ; — objections du colonel de Villenoisy. — Marmont conseille de supprimer l'enceinte ; — objection du
général Jomini, — du duc de Wellington ; — ex. :
camp de Drissa (1812), — lignes de Torrès Vesdras,
— Strasbourg et Kehl. — Utilité d'un noyau for-

tifié. — La profondeur du camp peut être réduite ; — elle doit être réglée d'après l'effectif de l'armée défensive. — L'espacement des forts réglé d'après la nature des troupes chargées de les défendre. — Pour les camps de peu de profondeur préférer les ouvrages ouverts à la gorge ; — ex. : Cologne, Peschiera, Bologne ; — lunettes de rassemblement ; — projets du major Schumann. — Distribution des troupes chargées de la défense d'une place militaire.

CHAPITRE IV. — PLACES DE DÉPÔT.

Avantages des grandes villes. — Faut-il les entourer de camps retranchés stratégiques ? — Opinion du général De Blois ; — difficulté d'application. — Système appliqué par le général Von Breese à Cologne. — Nécessité d'abris nombreux.

Têtes de ponts. — Principe du général Rogniat ; — difficulté d'exécution avec l'artillerie moderne. — Ex. : Posen.

CHAPITRE V. — PLACES D'ARRÊT.

106ᵉ LEÇON. — Importance des petites places

d'arrêt sur les lignes ferrées. — Type des *forts d'arrêt* allemands : — conditions auxquelles ils doivent satisfaire ; — ex. : fort de Hamm. — *Forts à destruction* : — conditions auxquelles ils doivent satisfaire ; — ex. : pont de Kotbus.

Applications à la défense des frontières : — Rivières parallèles. — Marais, — type de forts hollandais. — Montagnes ; — résistance du fort de Bard en 1800 ; — type à conseiller. — Rivières perpendiculaires : — avantage des batteries perpendiculaires contre les navires en bois ; — ex. : passage des Dardanelles (1807), — du Tage (1831) ; — type de batterie perpendiculaire ; — cas où il faut recourir aux batteries parallèles ; — avantages et défauts des batteries multiples ; — ex. : défense du Bas-Escaut (1830). — Modifications du problème de la défense des rivières avec l'artillerie moderne et les bâtiments à vapeur cuirassés ; — opinion des amiraux Ferragut et Porter sur la nécessité des barrages et des torpilles ; — batteries à pivôt et *gunpits* américains ; — application : fort Powell ; — forts à coupole de Cronstadt ; — forts du Bas-Escaut ; — forts triangulaires de Wilhemshafen, Gestemunde, Swinemunde, Friederichsort. — Défense du Bas-Escaut.

Modification des petites places pour servir de place d'arrêt; — opinion du colonel Villenoisy.

CHAPITRE VI. — FORTS ET GRANDES LUNETTES.

107e LEÇON. — *Grandes lunettes :* leur but; — ex. : Colberg (1807); — opinion du général Von Breese, — ex. divers : — Cologne; — Ferrol; — Kœnigsberg; — Ancône; — Grosport; — fort Tourneville (Havre). — Discussion; — avantage du tracé polygonal; — lunettes à flanquement indépendant : — lunettes du rassemblement. — Réduits.

Forts détachés : — Forts bastionnés; leur but. — Exemples divers : — Forts de Paris; — leurs défauts; — opinion de Violet-le-Duc, — du général Totleben. — Forts de Lyon : les Brotteaux, Villeurbanne; — Forts de Langres : Peigny. — Forts de Metz : Queuleu, Saint-Quentin, — Forts polygonaux : — Forts de Vérone : Rodolphe; — d'Alexandrie : de Bormida; — de Portsmouth, (projets divers); — de Plymouth; — de Cracovie, — projets du colonel Tuckler. — Discussion. — Type des forts d'Anvers; — application au cas des fossés secs.

CINQUIÈME PARTIE

APPLICATION DE LA FORTIFICATION A LA GUERRE

INTRODUCTION

108ᵉ LEÇON. — Importance de cette étude pour les officiers d'état-major. — Division du cours.

PREMIÈRE SECTION

Historique : — les camps volants ou passagers des anciens ; — lignes de circonvallation et de contrevallation ; — types des ruines de Ninive ; — profil romain. — Progrès de l'art sous les Romains ; — ex. : camp de Jules César sur l'Aisne (Berry au Bac). — Décadence au moyen âge ; — Philippe-Auguste, restaurateur de l'art ; — ex. : siége du château Gaillard ; — type de Christine de Pisan ; — camps à enceinte mobile de Charles le Téméraire. — *Camp de la paix* de Louis XI. — Les pionniers au moyen âge. — Travaux de Montluc. — Progrès sous Charles-Quint ; — ses causes. — Camps passagers sous les princes d'Orange ; — ex. : camp de Bommel. — Vauban imite les Hollandais ; — création des troupes du génie ; — profils-types de Vauban ; —

leur but ; — camps retranchés ; — lignes ; — barrières ; — ex. : ligne des Pays-Bas (1700) ; — exagération de leur emploi. — La fortification passagère sous Turenne ; — sous Pierre le Grand, — sous Frédéric II ; — elle est négligée sous Napoléon Ier ; — cause ; — regrets exprimés par Napoléon. — Efforts du général Rogniat pour la perfectionner. — Sa nécessité en présence du progrès de l'artillerie ; — problèmes imposés à nos recherches. — Définitions : fortification volante, — de position, — expéditive.

Chapitre Ier. — Fortification volante.

Abris d'infanterie. — Leur utilité, — leur origine ; — abris pavesadés, — abris d'Azincourt (1415), — abris de l'armée française en Égypte, — mantelets mobiles de Louis XII. — Règles de combat d'infanterie contre infanterie de l'ordonnance de 1672 ; — elles se modifient avec le perfectionnement des armes ; — règles du maréchal Bugeaud ; — dangers de leur application avec les fusils chargés par la culasse. — Projet d'armures défensives ; — leurs défauts suivant Napoléon. — Utilité des abris naturels ; — abris improvisés : — havre-sac-paraballe Charrin. — Les Russes créent des abris-tranchées à Sébastopol. — Ils sont imités par les Américains ; — leur habileté à construire des *rifle pits*. — Études faites en France d'après les ordres de Napoléon III ; — expériences de Châlons et de Vincennes ; — instructions du maréchal Niel ; — *tranchée-abris française.*

109ᵉ LEÇON. — Conditions anxquelles doivent satisfaire les retranchements expéditifs : — expériences sur l'épaisseur des parapets à l'épreuve de la balle. — Discussion du profil français ; — expérience d'Anvers, 1871 ; — mode d'exécution. *Tranchées-abris renforcées*, italiennes. — Type du colonel Brialmont. — Type du général Faidherbe. — Type prussien simple et renforcé ; — applications diverses devant Paris. — Type autrichien du colonel de Pidoll. — Type proposé par le major Wagner en Allemagne. — Conclusion : — type conseillé par le professeur ; — mode d'exécution.

Nécessité d'un outillage divisionnaire ; — outils des compagnies du génie ; — ils sont insuffisants ; — solutions diverses proposées ; — leurs défauts ;

— nécessité d'une colonne d'outils analogue à la colonne de munitions.

Tracé des tranchées-abris; — principes généraux; — de la *crête militaire*. — Types d'embuscades.

110ᵉ LEÇON. — *Abris d'artillerie*. — Type du général Rogniat; — discussion du profil; — expériences sur l'épaisseur des parapets à l'épreuve du boulet; — hypothèse des projectiles pleins; — des projectiles explosifs; — expériences de Newhaven; — de Brasschaet; — de Magdebourg; — conclusion des Allemands : — terre ordinaire, — sable, — argile, — neige.

Type de batteries de niveau; — de batteries enterrées; — de batteries exhaussées.

Batteries en barbettes; — moyens de corriger leurs défauts : — merlons ou bonnettes; — embrasures évasées; — embrasures droites; — embrasures ascendantes; — embrasures doubles (Trincano).

Plates-formes. — Traverses pare-éclats. — Abris pour canonniers; — abris blindés du colonel de Pidoll.

Batteries-embuscades : — règles pour leur tracé en Allemagne.

Batteries du comité d'artillerie français : — mode d'exécution successive.

Abris pour avant-train : — type allemand ; — type du capitaine Richard.

Exemples de batteries devant Paris.

Importance de la fortification volante dans la guerre moderne : — opinion du général Barnard ; — du général Frossard.

Chapitre II. — Fortification de position.

111e leçon. — *Profil d'infanterie :* — profils généraux de Vauban ; — profils modifiés modernes (Fallot). — Discussion : — relief ; — épaisseur de la masse couvrante ; — ex. : Silistrie ; — plongée ; — talus intérieur ; — hauteur d'appui ; — banquette ; — talus de banquette ; — talus extérieur ; — berme ; — fossé ; ses limites ; — talus d'escarpe ; — talus de contrescarpe ; — plafond du fossé ; — fossés à trous de loup du maréchal de Saxe ; — fossés à fausse braie de Rosch ; — glacis ; — abris intérieurs. — Durée d'exécution.

Profils expéditifs français ; — types divers.

Méthode d'exécution successive ; — profil de Touzac.

112ᵉ LEÇON. — Profil normal prussien ; — discussion ; — modifications proposées par le major Wagner dans les divers terrains ; — profils contre la mousqueterie, — contre l'artillerie ; — discussion ; — défauts des types compliqués.

Méthode d'exécution par couches horizontales avec profils ; — défauts de cette méthode. — Méthode successive ; — avantages : état de défense permanent.

Type proposé par le professeur : — profil minima ; — maxima, — profil général.

Limite de l'angle formé par la ligne de tir avec la ligne de feu ; — parapets en crémaillères ou *jabotés*.

Profil de batteries. — Barbettes : — tracé d'une barbette sur un saillant de plus de 120°, — de moins de 120°. — Batteries à embrasures, — droites, — obliques.

Magasins à poudre.

113ᵉ LEÇON. — *Tracés.* — Avantages des ouvrages ouverts et fermés ; — rapport des gran-

tenaillé pour la défense rapprochée; — du système polygonal pour la défense éloignée.

114ᵉ LEÇON. — Le système bastionné généralement préféré en France. — Application du système polygonal aux lignes de Torrès Vesdras (1810). — Exemples de tracés divers pratiqués en Amérique; — discussions qu'ils soulèvent; — importance des défenses accessoires; — elles peuvent suppléer au flanquement; — conclusions des Allemands en faveur du système polygonal. — Conditions d'un bon tracé.

But de la fortification sur les champs de bataille : — abris de postes détachés, — de poste intercalé; — de postes d'appui sur les flancs et le front d'une position. — Exemples.

Discussion des avantages des ouvrages fermés et ouverts; — opinions diverses.

Types des ouvrages adoptés en Allemagne : — La flèche. — La demi-redoute. — La lunette. — La lunette aplatie (abgestumpte lunette). — La redoute. — Exemples d'applications.

115ᵉ LEÇON. — Coupures d'entrée.
Manière d'établir l'artillerie dans les ouvrages

fermés ; — batteries extérieures du maréchal de Saxe ; — projet du colonel Brialmont.

Construction des ouvrages : — distribution des travailleurs ; — calcul de leur effectif.

Défenses accessoires : leur emploi. — Abattis : naturels (naturlischer verhau) ; — traînés (schlepper verhau) ; — d'arbres (baum verhau) ; — de branches (ast verhau) ; — vignes. — Petits piquets : — naturels ; — plantés ; — haies en fils de fer. — Grands et petits trous de loup. — Chausse-trappes. — Mines et torpédos. — Palissades : — leur emplacement ; — fraises. — Cheveaux de frise. — Treillis de fils de fer. — Créneaux-paraballes. — Inondations. — Revêtements. — Exemples divers tirés de la guerre d'Amérique et de la campagne de 1870.

Application au terrain : — principes généraux du défilement à la vue. — Corrections contre le tir plongeant. — Importance du tracé ou défilement horizontal.

Chapitre III. — Fortification expéditive.

116ᵉ leçon. — Utiliser les excavations ou levées de terre, — les amas de matériaux, — les haies, —

ex. : guerres de Vendée ; — *knicks* du Jutland ;
— les murs. — Exemples divers de la guerre
de 1870.

Défenses des maisons. — Ex. : défense de la
Cassine la Bouline en 1705, par le chevalier de
Folard ; — de l'auberge de Krosnic par le comte
de Saxe.

Défense de châteaux ou fermes. — Exemple
du château d'O en 1742 ; — de la ferme Groslay
en 1870.

Défense des villages. — Importance de ce genre
de défenses ; — caractère spécial des dispositifs
défensifs allemands. — Exemple de village en
terrain plat sur la ligne de bataille (Brialmont) ;
— poste isolé en terrain accidenté (Brialmont) ;
— village de Dugny près de Paris (1870).

CHAPITRE IV. — APPLICATIONS AUX CHAMPS DE
BATAILLE.

117ᵉ LEÇON. — Manière d'assurer la sécurité et
le repos des troupes en marche ; — les camps
romains en ordre compact ; — ce mode de défense
n'est plus applicable avec l'artillerie moderne. —
Importance de la fortification pour couvrir un

campement et préparer un champ de bataille avantageux ; — opinion de Montecuculli ; — de Turpin de Crissé ; — de Napoléon ; — pourquoi elle a été peu pratiquée sous l'Empire ; — son usage se multiplie dans les guerres modernes.

Formes diverses qu'elle affecte :

Des lignes. — Types divers.

Lignes continues : — 1° simples : — à redans ; — tenaillées ; — bastionnées ; — polygonales à bastions détachés ; — 2° composées : — à tenaille composée ; — à tenailles brisées ou queue d'hyronde ; — à crémaillères renforcées de bastions ; — à crémaillères renforcées de queues d'hyrondes ; — à flèches (Folard) ; — à redoutes détachées (Turpin de Crissé) ; — à redoutes en tenaille (Frédéric II). — Exemple d'application : bataille de Neerwinden (1693). — Défauts des lignes continues ; — opinion du maréchal de Saxe.

118e LEÇON. — *Lignes à intervalles.* — Exemple d'application : — bataille de Nordlingen ou Allerheim (1645). — Avantages de ses dispositifs. — Le maréchal de Saxe recommande les lignes à ouvrages fermés ; — ex. : bataille de Pultava (1709) ; — bataille de Fontenoy (1745). — Discussion que soulève l'emploi des ouvrages fermés. — Exemple d'emploi d'ouvrages ouverts : — camp de Nordheim (1745). — Types divers de lignes à intervalles : — lignes à redoutes détachées du maréchal de Saxe : — dispositif en échiquier, — en échelons (Turpin de Crissé) ; — échelons doubles (Noizet Saint-Paul) ; — type de Laisné. — Ligne de redoutes à flèches (Turpin de Crissé). — Lignes à lunettes détachées (dispositif de Nordheim) ; — à bastions détachés ; — à bonnets de prêtre détachés ; — à lunettes et bastions détachés (ligne de la Queich) ; — à lunettes doubles ; — à bastions doubles. — Lignes triples. — Lignes mixtes : — dispositif de Nordlingen ; — lignes à flèches de Montalembert ; — application au camp de la Vézousière île d'Oléron (1761).

Exemples d'emploi de fortifications passagères sous la République et l'Empire : — bataille de Fleurus (1794) ; — Montenotte ; — Aspern ; — Dresde ; — Wachau. — Regrets de Napoléon au sujet du peu d'application de la fortification passagère dans ses campagnes ; — on se borne en général à des ouvrages isolés ; — ex. : Talavera ; — Fuentès de Onero ; — Waterloo.

Exemples de l'influence des fortifications passagères dans quelques batailles : — Bataille de Caldiero (1805) ; — elles arrêtent l'armée de Masséna. — Bataille de Toulouse (1814) ; — sans arrêter Wellington, elles permettent à Soult de battre en retraite. — Bataille de la Moskowa (1812) ; — elles supportent tous les efforts de la journée et leur prise assure le succès. — Bataille de la Rothière (1814) ; — faute des Français d'avoir négligé la construction d'ouvrage de campagne ; — conséquences probables de cette construction.

119ᵉ LEÇON. — Projet de lignes du général Rogniat ; — type de Laisné ; — de Pidoll ; — correction du colonel Brialmont ; — application à une position (Brialmont). — Ex. : bataille de Champigny (1870) ; — journée de Villiers ; — journée de Champigny.

Tracés des lignes ; — systèmes pratiqués par les Allemands ; — opinion du capitaine Goetz ; — observation de Violet-le-Duc. — Discussion : — lignes d'avant-poste, — de combat, — de retraite.

120ᵉ LEÇON. — Emploi des ouvrages ouverts et fermés ; — opinion du colonel Brialmont ; — types de lignes dans ces deux hypothèses.

Profil qu'il convient d'adopter; — les Allemands sont favorables aux tranchées-abris (Goetz); — cette opinion trop absolue; — avantage que présente dans beaucoup de cas la fortification de position.

Les tracés des ouvrages de campagne doivent être en concordance avec le plan de la bataille; — règle adoptée par les Allemands dans la campagne de 1870. — Distinction entre le champ offensif et défensif; — différences des ouvrages dans les deux cas. — Application à un champ de bataille (Brialmont).

Considérations générales sur l'attaque des ouvrages.

DEUXIÈME SECTION

FORTIFICATION MIXTE

———

Différence entre la fortification passagère et la fortification mixte. — Circonstances où cette dernière est pratiquée.

CHAPITRE Ier. — PROFILS ET DÉTAILS.

Limites du relief des ouvrages mixtes ; — ex. : redoute des Hautes-Bruyères à Paris.

Nécessités d'abris couverts : — Abris de rempart des Allemands, — sur un rang, — quatre rangs, — six rangs ; — abris exécutés par les Français à Paris : types de Violet-le-Duc ; — épaisseur de la couverture de terre ; — données d'expérience. — Abris du fort Cavecchia à Vérone ; — abris de Belfort.

Emploi du fer dans la confection des abris ; —

blindages en rails ; — ex. : Belfort. — Emploi des maçonneries ; — précautions à prendre ; — ex. : Paris ; — redoutes des Hautes-Bruyères.

Blindage en fer : — type du major Piron ; — correction du major Schuman ; — expériences de Tegel en 1869.

Abris sur le terre-plein : — type du Mont-Avron ; — de Belfort ; — *bomb-proof* des Américains. — Blockhaus : — blockhaus en rails du capitaine Dujardin. — Abris découverts du colonel Brialmont.

121ᵉ LEÇON. — Batteries de remparts : — *Gun-pits* américains.

Traverses-abris ; — organisation des remparts.

Revêtements : — en gazons ; — en charpente ; — en maçonnerie ; — ex. : camp de Florisdorf (1866) ; — en fer ; — projet du major Piron ; — expérience de Belfort. — Palissades ; — grilles ; expériences de Tegel (1869).

Caponnière : — ex. : redoutes des Hautes-Bruyères à Paris.

Magasins à poudre.

Barrières en palanque ; — tapecu.

Ponts mobiles ; — défauts des ponts-levis ; — ponts roulants.

CHAPITRE II. — CAMPS RETRANCHÉS PASSAGERS.

Circonstances où l'on doit les construire. — Camps immédiats et camps médiats. — Exemple de camp immédiat : — camps de Bunzelwitz (1761); — description. — Exemple de camp médiat : — lignes de Torrès Vesdras (1809-1810); — description; — organisation du service; — préparatifs pour la rentrée dans les lignes.

122ᵉ LEÇON. — Sites qu'il faut préférer. — Forme des ouvrages : — lignes de Rogniat, — de Pidoll; — camp de Plaisance (1860); — type du colonel Tuckler.

Ex. : camp retranché de Dresde (1866); — type des forts. — Fort des Hautes-Bruyères à Paris (1870).

Principes généraux pour le tracé; — application.

Des camps à noyau; — leur utilité.

CHAPITRE III. — TÊTES DE PONT.

But de ces ouvrages; — différences avec les

camps retranchés. — Grande tête de pont et
petite tête de pont; — dispositifs anciens; —
critiques de Napoléon; — conclusion à en tirer.

Tête de pont de Florisdorf (1866); — description; — type des forts; — des lignes.

Chapitre IV. — Places-magasins.

Projets divers du colonel Brialmont pour la
construction des remparts mixtes.

Disposition des magasins : — parallèles; —
rayonnants.

Chapitre V. — Postes d'occupation.

123ᵉ leçon. — Utilité de ces postes. —
Exemples tirés des guerres coloniales. — Czartacks des frontières d'Autriche; — postes avancés
des pionniers américains; — blockhaus d'Afrique:
— type Valazé, — type Berthois; — *bordji* en
maçonnerie.

On utilise en général pour ces postes les villages, les églises, etc. — Ex. : défense de Mazagran (1840).

Type d'un fort isolé : — redoute carrée avec

TROISIÈME SECTION

————

124ᵉ LEÇON — Modifications introduites dans la pratique des siéges par les armes nouvelles. — Cas où l'on se résoudra à un siége. — Des divers modes d'attaques : — attaque d'emblée ou de vive force ; — bombardement ; — blocus ou long siége ; — attaque par industrie ou siége en règle. — Analogies de ces divers modes d'attaque. — Division du sujet.

CHAPITRE Iᵉʳ. — PRÉLIMINAIRES DU SIÉGE.

Défense. — Devoirs du commandant de place ; imperfection de nos règlements à ce sujet. — Divers états de la place : — état de paix, — état de guerre, — état de siége. — Autorité que la loi confère au commandant. — Du conseil de guerre ou de défense. — Qualités d'un bon commandant de place. — Ses obligations pour justifier de sa gestion et de ses pouvoirs ; — manière d'assurer la défense en cas de mort. — Service de la correspondance.

Objets qui doivent attirer son attention : — 1° *État des fortifications*. — Travaux à faire : — palissades ; — quand les palissades sont utiles. — Créer des abris. — Dégarnir les dehors ; — démolition des faubourgs ; — opinion du maréchal de Saxe ; — de Carnot (Anvers, 1814). — Inondations.

2° *État des magasins*. — Limites des approvisionnements ; — moyen de les compléter ; — réquisitions ; — emprunts forcés remboursables ; — monnaie obsidionale. — Organisation du service des vivres ; — comité de surveillance ; — sollicitude de Vauban à cet égard. — Moulins. — Manutentions. — Ateliers à organiser. — Services des munitions. — Des outils. — Télégraphes.

3° *Organisation des services civils*. — Difficulté de cette organisation dans l'état actuel de nos institutions militaires ; — quand le pouvoir dictatorial du gouverneur commence. — Garde civique. — Police ; — tribunaux militaires. — Pompiers. — Renvoi des bouches inutiles.

125ᵉ LEÇON. — 4° *Organisation du service militaire*. — Nos règlements donnent à la défense un caractère passif ; — modifications qu'ils doivent subir. — La défense doit être active : ex. : belle défense de Grave par Chamilly (1675) ; — opinion de Bousmard ; — siége de Gênes ; — siége de Belfort (1870).

Division de la défense en secteurs ; — nécessité d'exercices préalables pour la garnison ; — leur utilité pour les reconnaissances des abords de la place. — Distribution du service journalier ; — opinions diverses à ce sujet.

Exemple de l'organisation du service de sûreté. — Règle de Cormontaigne pour la défense rapprochée. — Avantage des postes avancés ; ex. : Belfort.

Calcul de l'effectif de la garnison : — Règle de de Ville ; — de Vauban ; — de Cormontaigne ; de Lesage ; — de Noizet. — Distinction entre la garnison de sûreté et la garnison de siége : — Règle de Carnot ; — discussion. — Garnisons renforcées ; — application à Anvers.

Armement : — Armement de sûreté, — armement renforcé ; — opinions diverses. — Calcul de l'effectif des artilleurs.

Effectif du génie; — de la cavalerie; — des états-majors.

126ᵉ LEÇON. — *Attaque*. — Différence entre les siéges de Louis XIV et les siéges modernes. — Armées d'observation et de siége.

Diverses méthodes d'attaque :

1° *Attaque d'emblée :* — Cas où on l'emploie; — manière de la conduire; — ex. : surprise de Prague (1741); — attaque de Toul (1870).

2° *Bombardement :* — Quand il peut être recommandé; — ex. : Toul (1870). — Discussion soulevée à ce sujet.

3° *Blocus :* — le blocus est plus désastreux que le bombardement des places. — Il constitue toujours le premier acte d'un siége. — Dans la formation d'un blocus, on doit distinguer trois périodes : — l'*investissement* pour entourer la place hors de portée du canon; — la *période des combats* pour en approcher à faible distance; — la *création du cordon de blocus* pour se maintenir à cette distance.

Manière d'opérer l'investissement : — sa distance; — difficulté d'opérer l'investissement en présence d'une garnison résolue; — méthode des approches successives conseillée par le colonel Brialmont. — Exemple remarquable de Belfort (1870) pour les deux premières périodes ; — description détaillée des opérations de l'attaque et de la défense exécutées par les Allemands et les Français.

127ᵉ LEÇON. — Description détaillée des opérations du Vᵉ corps prussien autour de Paris comme type des opérations pour l'établissement d'un cordon de blocus ; — constructions successives des lignes ; — emploi du télégraphe ; — postes d'observation.

Calcul de la force de l'armée de siége :— Règles de Vauban ; — discussion. — Règles de Cormontaigne ; — du colonel Augoyat. — Formule à déduire des siéges modernes ; — effectif minimum de blocus (Belfort, Mézières) ; — effectif pour résister aux sorties ; — petites places ; — places à camps retranchés (Paris, Metz).

CHAPITRE II. — OUVERTURE DU SIÉGE.

128ᵉ LEÇON. — *Attaque.* — Organisation du service de l'état-major de siége : — Service de tranchée. — États-majors spéciaux de l'artillerie ; — du génie.

Formation des parcs d'artillerie : — Où ils sont établis ? — Travaux à y exécuter ; — modes divers adoptés.

Rédaction du projet d'attaque : — il doit aujourd'hui se borner aux premières opérations du siége. — Discussion sur la distance à laquelle on ouvre la tranchée ; — elle doit désormais être préparée par une lutte d'artillerie au moyen des batteries de première position ; — analogie remarquable avec la méthode d'attaque de Charles-Quint à l'époque de l'introduction des bouches à feu dans les siéges.

Principes pour l'établissement des batteries de première position ; — mode de construction ; — abris ; — postes d'observation ; — moment de l'ouverture du feu.

Première parallèle : — mode de construction ; — opinions diverses. — Profil ; — utilité de lignes interrompues.

129e LEÇON. — *Défense*. — Conduite de la défense après l'ouverture du feu ; — rôle de l'artillerie ; — nécessité de conserver une réserve d'artillerie. — Avantages du tir en barbette ; — tentatives diverses pour établir des pièces blindées et cuirassées ; — ex. : *La Catherine* à Belfort. — Traverses-abris ; — leur importance.

Chapitre III. — Le siége depuis la 1re jusqu'a la 3e parallèle ou période d'artillerie.

Attaque. — Batteries de 2e position ; — leur but ; — leur forme ; — où elles sont placées.

Difficulté des cheminements en avant ; — défauts de la sape pleine ; — sapes enterrées ; — sapes minées.

Batteries de mortiers dans la 3e parallèle.

Défense. — Utilités des ouvrages avancés ; — des contre-approches, — types divers ; — des embuscades, — types divers ; — guetteurs ; — manière d'éclairer le terrain.

Batteries à tir indirect : — types divers ; — ex. : batteries de Belfort.

Sorties ; — comment faites ; — stratagème de Chamilly à Grave (1675). — Manière de les repousser.

Exemple : — Description détaillée des opérations du siége de Strasbourg (1870).

retranchement ; — ex. : assaut du bastion Malakof à Sébastopol.

Organisation des défenses intérieures : — Exemple de Saragosse (1808) ; — description détaillée des opérations de l'attaque et de la défense.

Des capitulations. — Examen des principes admis par les conseils d'enquête en France en 1870 ; — opinion du maréchal de Villars ; — de Napoléon. — Comparaison de la loi française et de la loi belge. — Le commandant d'une place ne doit s'inspirer que de l'intérêt de l'État et faire le sacrifice de tout intérêt personnel. — Belle pensée exprimée par le maréchal Fabert.

QUATRIÈME SECTION

CHAPITRE Ier. — PRINCIPES GÉNÉRAUX.

132e LEÇON. — Définitions : — Principes généraux relatifs au logement des troupes ; — ordre compact et ordre mince.

Historique : Les camps consulaires romains fournissent l'exemple de logement en ordre compact ; — description. — Sous les empereurs, leurs formes deviennent confuses. — Simon Stévin rétablit l'ordre de campement antique en Europe ; — méthode qu'il a adoptée pour le campement ; — ex. : camp de Juliers (1610). — Les camps des princes d'Orange sont imités dans toute l'Europe.

---

[1] La castramétation ayant été donnée avec beaucoup de développement aux élèves dans le cours d'état-major, ces leçons ont été supprimées.

Puységur et Santa-Cruz introduisent l'usage du campement en ordre mince ; — principe fondamental du campement.

Les camps romains donnent naissance aux villes ; — on y assigne des logements ou casernes aux troupes ; — description des casernes à Pompei ; — le casernement chez les anciens fait partie de la castramétation.

Les casernes disparaissent au moyen âge ; — logement des troupes sous Louis XIV ; — leur usage reparaît au commencement du XVIIIᵉ siècle ; — développement donné aux casernes sous Marie-Thérèse et Joseph II. — En Belgique, la loi de 1873 réintroduit le casernement dans la castramétation.

Partage du service de logement des troupes entre le corps d'état-major et le corps du génie [1]. — But du cours ; — ses divisions.

Principes pour l'établissement des logements de troupes.

---

[1] On admet que les questions du tracé et du choix de l'emplacement devront être traitées dans le cours d'état-major ; celles relatives à l'installation matérielle dans le cours du génie. Ce programme a été redigé dans ce sens.

Chapitre II. — Bivacs.

Origine de ce mode de campement; — ses avantages et ses défauts; — quand employé.

Description sommaire de l'ordre de campement : — Infanterie; — cavalerie; — artillerie; — génie; — équipages; — parc; — pontonniers; — convois isolés : en parc; — en ordre compact.

Cuisines : — types divers; — cuisines roulantes.

Puits : — pompes Norton; — filtre; — abreuvoir; — lavoirs.

Gîtes des Allemands (Läger stellung).—Abris-vent simple ou double. — Gourbis ou taupinières de Crimée; — en charpente; — en clayonnages.

Tente-abris; — son origine; — manière de la dresser; — modèle Vernier ou tente-brancard; — tente de marche ou d'officier.

Latrines.

Chapitre III. — Camps tentés.

133ᵉ leçon. — Tentes en usage au moyen âge; — modèles réglementaires des armées modernes.—Ce mode de campement est peu employé de nos jours.

Canonnière ou tente d'ancien modèle; — tente bonnet de police au nouveau modèle; — tente elliptique ou Taconnet; — tente conique ou marabout; — tente cortine; — marquise ou tente de conseil; — tente-écurie.

Manteau d'arme; — râtelier d'arme; — manteau d'arme du piquet.

Règle fondamentale pour le tracé des camps tentés.

Description succincte d'un camp d'infanterie; — de cavalerie; — d'artillerie; — du génie; — de parc.

Considérations générales sur la salubrité de ces établissements; — mesures sanitaires à prescrire. — Densité de population; — comparaison avec les villes.

Chapitre IV. — Camps barraqués.

Quand employés.

Huttes simples, — doubles. — Barraques à un appentis, — à deux versants; — types divers; barraques coniques des Allemands; — barraques d'Anvers. — Divers modes de construction; — importance de la ventilation;—dispositifs adoptés. — Barraque pour corps de garde; — cuisine; — séchoir; — écuries des Italiens en Crimée; — guérites; — latrines; — vespasiennes.

Tracé analogue à celui des camps tentés.

Camps barraqués américains; — précautions hygiéniques. — Moyen d'assainir l'air par des plantations; — expériences faites à ce sujet.

Chapitre V. — Cantonnement.

134ᵉ leçon.— Règle à adopter pour la distribution des logements. — Travaux éventuels à y faire.

Chapitre VI. — Lieux d'étapes.

Services divers à y organiser : — ateliers; — magasins.

Manutentions. — Nécessité de pouvoir suppléer dans beaucoup de cas aux ateliers privés pour la fabrication du pain; — ex. : campagne de Russie. — Moulin portatif de la guerre d'Espagne; — moulins du modèle belge. — Fours;

principe général pour leur construction : — fours en maçonnerie ; — en briques et fer ; — en terre ; — en bois ; — en torchis ; — en gourbis ; — en fer. — Pétrin. — Outils de boulangers.

Hôpitaux.—Condition d'établissement ; — ventilation ; — avantages des camps-hôpitaux ou lazarets. — Tente-hôpital d'Afrique (1830) ; — tente américaine ; — grand et petit modèle. — Barraques françaises (Metz 1870) ; — barraques allemandes ; — détails d'exécution. — Tente-barraque.—Lit d'hôpital ; —table de nuit ; —table.

Distribution d'un camp-hôpital. — Remarquables installations américaines : — hôpital de l'Ouest à Philadelphie ; — hôpital Mower à Chisnut-Hill ;— hôpital Sedgwick ;— hôpital Hicks ; — hôpital Lincoln à Washington ; — hôpital de Hampton ; — hôpital Mac Dougall. — Hôpital de l'île Chambière à Metz.

Désinfectants pour les hôpitaux. — Cimetières.

Chapitre VII. — Casernement.

135ᵉ leçon. — Supériorité du casernement anglais. — Condition de bon établissement des casernes. — Casernes de Vauban dites à petites chambrées. — Disposition à grandes chambrées : locaux parallèles ; — perpendiculaires ; — discussion ; — ex : caserne du Petit-Château à Bruxelles. — Mode de ventilation ; — système appliqué par le capitaine Blondiau à la caserne Guillaume, à Mons. — Écuries-types réglementaires. — Caserne à l'épreuve de la bombe ; — type d'Anvers.

Établissements divers des garnisons.

CHAPITRE VIII. — CAMPS D'INSTRUCTION.

Leur utilité ; — camps d'instruction ; — camps de manœuvres. — Historique du camp de Beverloo.

SIXIÈME PARTIE

ENSEIGNEMENT PRATIQUE

———◆———

Nota. — Le mois de juillet est consacré à des exercices pratiques. — Ils comprennent :

1re année :

1° *Visite du matériel des chemins de fer (une journée)* [1];

2° *Exercices de télégraphie* [1];

2e année :

3° *Visite de la place de Liège (deux jours)* [2];

4° *Visite de la citadelle de Namur (un jour)*;

3e année :

5° *Visite de la place d'Anvers et de ses dépendances (huit jours)*;

[1] Ce service n'a pas été organisé jusqu'ici.
[2] Réduit, en 1873, à une journée.

6° *Visite de la place de Diest (un jour)*;

7° *Visite de la place de Termonde (un jour)*;

Les visites des places fortes sont précédées de conférences préparatoires, pour en faire connaître le site, l'histoire et les propriétés[1].

2° ANNÉE. — LIÉGE.

1re *conférence*. — Description du site. — Hydrographie : — la Meuse, — l'Ourthe, — la Vesdre; — le canal latéral de Liége à Maestricht; — *La Légia* (rue de Coq-Fontaine); — les îles. — Orographie : plateau du Condroz; — de Herve; — de la Hesbaye. — Voies de communications : — routes; — chemins de fer.

Historique. — Fondation de la ville par saint Monulphe, évêque de Maestricht (558). — Saint Hubert fait construire son enceinte (712). — Agrandissement de la ville par l'évêque Notger, et création d'une enceinte en maçonnerie flanquée de tours (971). — Agrandissement par l'évêque Hugues de Pierrepont (1203). — Sac de la ville par les Brabançons (1213). — Construction de

---

[1] Faute de temps, les conférences 1, 2, 8 et 9 n'ont pu être données aux élèves. Les conférences 4, 5, 6 et 7 ont été condensées en trois.

la citadelle de Sainte-Walburge par l'évêque
Henri de Gueldres (1255). — Surprise de la citadelle par les bourgeois de Liége (1269). — Occupation de la ville par Charles le Téméraire (1467).
— Révolte des Liégeois et siége de la ville par
Charles le Téméraire et Louis XI (1468); —
attaque par les hauteurs de Sainte-Walburge;
— sac de la ville. — Reconstruction des remparts (1478). — Surprise de la citadelle par Guy
de Kanne, partisan des La Marck, et reprise par
les Liégeois (1486). — Reconstruction des remparts par Evrard de la Marck (1530). — Siége de
Liége par Guillaume d'Orange; — il attaque la
citadelle le 2 novembre 1568; — il est repoussé.
— Prise de la ville par Maximilien-Henri de
Bavière (1649); — il fait reconstruire la citadelle (1650). — Remise à Louis XIV (1673) par
le baron de Vierset; — il la fait raser (1676). —
Reconstruction de la citadelle par Maximilien
de Bavière (1685). — Coehorn améliore le tracé
de la ville (1691). — Bombardement par le marquis de Boufflers (attaque par la hauteur de
la Chartreuse). — Les travaux de défense achevés
sous le prince de Velbruck. — La citadelle est
occupée par une garnison française (1701). —

Elle est attaquée par le duc de Malborough, en 1702, qui se rend maître de la ville. — La citadelle est rasée en vertu du traité de la Barrière (1715). — Les Liégeois achèvent de démolir les remparts (1783). — En 1816, le roi Guillaume décrète la reconstruction de la citadelle, d'un fort à la Chartreuse, et l'on projette un fort à Saint-Gilles.

Citadelle. — Site : — fond Pirette; — ravin de Towes; — chemin aux 600 marches. — Description des ouvrages.

Chartreuse. — Site : — fond de Robermont. — Description des ouvrages.

Rôle militaire de la place de Liége dans la défense de la Belgique. — Appréciation de la valeur des ouvrages.

CITADELLE DE NAMUR.

2º *conférence*. — Description du site : — la Meuse, — la Sambre. — Hauteur de l'Entre-Sambre-et-Meuse ou de Marlagne, — la Plante; — la Montagne qui trotte; — le Bordial ou Bords de l'Eau; — le Fond de la Fillette ou du Meurtrier; — le Cul de Sac de Latton; — la Montagne de la Farine; — le Mont des Cinq-Frères, — le

Fond de la Bouteille ; — la Queue du Loup. — Voies de communications.

Historique. — Colonie d'Atuatique. — Opinion qui désigne les hauteurs de la citadelle de Namur comme le camp des Nerviens attaqué par César ; — discussion ; — le vieux mur ; — le camp de l'Hastedon. — Construction de la première enceinte ou Grognon (980?). — Agrandissement ou deuxième enceinte par Albert Ier (980). — Troisième enceinte sous Albert II (1034). — Siége et surprise par Henri l'Aveugle (1151). — Blocus par Baudouin de Flandre (1188). — Tentative de surprise par Thibaut de Bar (1193). — Siége par Henri II de Luxembourg ; — le château résiste deux ans (1256). — Siége par Jean Ier (1313). — Agrandissement ou quatrième enceinte (1412 à 1417). — Surprise par le seigneur de Ravenstein (1488). — Construction de la *Médiane* (ouvrage à corne) par Maximilien (1490). — Construction du *fort du Diable* (bastion 2) et du *Grand-Bastion* (bastion 3) (1542). — Construction de l'enceinte bastionnée (Terre-Neuve) sous Philippe IV (1655). — Construction du *fort Guillaume* (fort d'Orange) par Coehorn (1690). — Siége de Louis XIV et Vauban contre Coehorn ;

— *La Cachotte* (1692). — Restauration exécutée par Vauban : — bastion détaché ; — fort Saint-Charles, — Saint-Georges, — Camus, — Kykuit. — Camp retranché (1692). — Siége de Guillaume III et Coehorn contre Mesgrigny (1695). — Bombardement par le comte de Nassau (1704). — Siége par le maréchal de Saxe (1746). — Démentèlement sous Joseph II (1789). — Retraite des Autrichiens (1789). — Rentrée des Autrichiens ; — ils relèvent les remparts. — Entrée du général Valence (1790). — Retraite du maréchal Grouchy (1815). — Reconstruction (1815). — Blocus (1830).

Rôle militaire de la citadelle de Namur dans la défense de la Belgique. — Appréciation de ses ouvrages ; — projets d'améliorations.

3e *année*. — ANVERS.

3e *conférence*. — Description de son territoire militaire ; — ses limites.

Escaut. — Opinions diverses sur son ancien cours ; — théorie de l'ingénieur Vifquain ; — du général Renard. — Le golfe de l'Escaut : — formation du Delta ; — ancien lit : branche orientale, le Crevelingen et le Krammer ; — branche occidentale, le Dullert et le Casenbrodt ; — nouveau lit : — branche orientale, le Rompoot ; — branche occidentale, le Hondt ; — causes de ces déplacements. — Au xvie siècle, le Hondt devient la branche principale. — Polders ; — premiers endiguements. — Passes navigables ; — marées ; — écluses.

Durme. — Son origine probable. — Moerbeek oriental et occidental ; — canal d'Othou ; — canal de Stekene ; — de Zuidleden ; — Moervaert ; — canal d'Axel ou Moerspuy ; — canal du Sas de Gand ; — Oudleden canalisé ; — Langleden ; — canal de Terneuzen.

Rupel. — Ses tendances au déplacement. — La Dyle ; — le Demer ; — la Senne ; — canal de Bruxelles.

Nèthe. — Grande et petite Nèthe ; — projets de canalisation : — Canal de la Campine ; — de jonction de l'Escaut à la Meuse.

Schyn. — Grand et petit Schyn. — Vosse Schyn. — Canal d'Herenthals.

Polders. — *Voies de communications :* — Zone de l'Ouest ou de la rive gauche ; — du Sud ou de la rive droite ; — de l'Est ou de Merxem ; — du Nord ou maritime.

4ᵉ conférence. — Historique.

Origine d'Anvers. — Le premier château d'Anvers ; — son origine et sa forme probable ; — il est pris par les Normands (837). — Départ des Normands (912). — Fondation du Burght par Gothelon (1008) ; — création du marquisat. — Siége de 1055. — Reconstruction de la ville par Godefroid le Barbu (1106 à 1140). — Les environs d'Anvers en 1106.

Premier agrandissement par Henri Iᵉʳ (1201) ; — nature de l'enceinte. — 2ᵉ agrandissement par Henri III (1250) ; — cause de sa forme bizarre. Environs d'Anvers (1260).

Prospérité d'Anvers au XIVᵉ siècle ; — ses causes ; — projet de grande enceinte par Jean Iᵉʳ (1291). — 3ᵉ agrandissement ou enceinte provisoire (1314) ; — 4ᵉ agrandissement ou enceinte définitive (1306 à 1415). — Forts extérieurs : Sainte-Catherine (Rumpst), Saftingen, Blokkerdyk ; — leur but. — Environs d'Anvers en 1500.

Projet d'agrandissement et construction des fortifications modernes (1507 ou 1531). — Attaque de Van Rossem. — Exécution du 5ᵉ agrandissement ; — travaux de Pierre Frans ; — de Gilbert Van Schoonbeke. — Forts extérieurs :

Château de Borgerhout, de Berchem, de Saint-Michel, de Gallifort, de Sterkenhof, de Laterne, de Groenenbort, de Swily, d'Hoboken. — Fort de Cantecroy. — Premières routes. — Combat d'Austruweel (1566).

6ᵉ agrandissement et citadelle du duc d'Albe (1567). — Fort Lillo (1573); — son but. — Tête de Flandres (het Veer); — son origine (1576). — Furie espagnole (1576). — Démolition partielle de la citadelle (1577). — Combat de Borgerhout (1579). — Opérations sur le Rupel; — forts Sainte-Marguerite, Thoulouse, Boerensluys, Teligny, Melkhuys. — Prise du fort de Willebroek. — Projet d'agrandissement (1580). — Furie française (1583). — Environs d'Anvers en 1584.

5ᵉ *conférence.* — Blocus du prince de Parme (1584-85). — Forts construits par la défense et l'attaque. — Opérations extérieures : — barrage de l'Escaut. — Opérations maritimes. — Reddition de la place; — reconstruction de la citadelle (1585). — Prise et reprise de Hulst (1591). — Attaques maritimes (1599). — Construction du fort Pereyra (Dam). — Trève de 12 ans (1609); — forts du Bas-Escaut. — Rupture de la trève : —

le canal de Kieldrecht; — combats divers dans le Bas-Escaut; — fort Frédéric-Henri. — Environs d'Anvers en 1700.

Guerre de la succession d'Espagne (1700). — Occupation d'Anvers par les Français : — Les lignes; — forts du Bas-Escaut; — camp de la rive gauche;—visite de Vauban.—Attaque de Hulst. —Bataille d'Eeckeren(1703).—Siége de Santvliet (1705). — Départ des Français (1706). — Paix d'Utrecht (1713). — Traité de la Barrière (1715).

Guerre de la succession d'Autriche (1740). — Siége d'Anvers (1746). — Siége de Liefkenshoek et La Perle (1747). — Siége de Santvliet, Lillo et Frédéric-Henri (1747). — Paix d'Aix-la-Chapelle (1748).

6e *conférence*. — Travaux exécutés à Anvers sous Marie-Thérèse et Joseph II. — Tentative pour établir la liberté de l'Escaut; — guerre de *la marmite*; — traité de Fontainebleau (1785). — Révolution brabançonne (1789); — combats de Lillo et Liefkenshoek; — blocus de la citadelle par le général Schœnfeld; — reddition; — rentrée des Impériaux.

Conquête de la Belgique par les Français (1792):

—Siége de 1792 par les généraux Labourdonaye et Mirauda. — Occupation de la Belgique par les Autrichiens (1794) ; — évacuation ; — traité de La Haye (1795).

Guerre des Paysans (1798).

Travaux d'amélioration de la place exécutés de 1792 à 1809. — Expédition de Walcheren (1809) ; — travaux défensifs de la ville et du Bas-Escaut. — Améliorations de la place et création du dépôt maritime (1809 à 1814) ; — ville Marie-Louise ; — les forts extérieurs. — Bombardement par les Anglais (1814).

Gouvernement des Pays-Bas (1815). — Améliorations de la place.

Révolution belge (1830) ; — retraite des Hollandais ; — combat de Waelhem ; — prise de Lierre ; — de l'enceinte d'Anvers ; — bombardement de la ville par les Hollandais ; — siége de la citadelle par l'armée belge (1831) ; — sa suspension ; — combats divers. — Siége par les Français sous le maréchal Gérard (1832) ; — opérations sur le Bas-Escaut ; — traité de 1839 et 1863. — Travaux d'amélioration de 1830 à 1851.

Camp retranché de 1851. — Camp retranché de 1860.

7ᵉ *conférence*. — Description des fortifications :
— Enceinte. — Camp retranché de la rive droite ;
— de la rive gauche. — Bas-Escaut. — Inondations. — Points d'attaque probable. — Travaux à
faire pour compléter la place ; — mise en état de
défense.

DIEST.

8ᵉ *conférence*. — Description du site : — Hydrographie ; — le Demer ; — la Swartebeek ; —
la Mengelbeek ; — la Velpe ; — la Herk. —
Orographie : — Campine et Hageland. — Inondations. — Routes, — chemins de fer.

Historique. — Origines incertaines ; — la ville
est fortifiée en 1365. — Sa transformation (1526).
— Les fortifications sont négligées (1547). —
Tentative de résistance du prince d'Orange contre
le duc d'Albe (1578). — Prise de la ville par le
prince de Parme (1578) ; — reprise par les Gueux.
Surprise de 1580. — Attaque de 1583.

Restauration des remparts par le prince de
Parme (1583) ; — améliorations de 1608 ; —
attaque de 1703 par les Français ; — démolition
des remparts.

Prise de Diest par Vandermeersch (1789).

Construction de la place forte en 1835.

Rôle militaire de la place dans la défense de la Belgique. — Appréciation de ses ouvrages.

9° *conférence*. — TERMONDE. — Description du site : — Hydrographie ; — l'Escaut ; — la Dendre. — Inondations. — Routes et chemins de fer.

Historique. — Mention de la ville dans les chroniques de 411. — Construction de l'enceinte (1233) — Agrandissement par Louis de Male (1368). — Siége par le prince de Parme en 1584. — Construction d'une citadelle.

Tentative d'attaque par les Français (1667).

Bombardement par Malborough suivi du siége en règle et de la prise de la ville (1706). — Siége par les Français (1745). — Amélioration de la place (1748). — Les fortifications rasées (1782). — Reconstruction (1822). — Améliorations depuis 1830.

Rôle militaire de la place dans la défense de la Belgique. — Appréciation de ses ouvrages.

FIN.

Fr. C.

LANGLOIS, H., capitaine. Les artilleries de campagne en Europe
    en 1874, 1 vol. in-16 avec 5 planches et 33 tableaux . . .   5   »
LE BOULENGÉ (cap.). Le chronographe Le Boulengé, in-8° avec
    4 planches 3 50
— Télémètre de combat, in-8° avec 2 planches 1 50
REUTER (lieut.). Reconnaissances et dialogues militaires à l'usage
    des officiers et sous-officiers de toutes armes, en campagne
    ou Vade-mecum indispensable de l'officier en campagne, en
    français, flamand et allemand (l'allemand en lettres françaises),
    Un vol. in-16   2   »
ROMBERG, H. (maj. d'artillerie). Etudes sur les fusées, 3 vol. gr. in-
    8° avec planches 7 50
— Recherches théoriques et pratiques sur les fusées pour pro-
    jectiles creux. Description des fusées à double effet. Gr. in-8°
    avec planches   12   »
— Appendice aux Recherches sur les fusées : Fusées prussien-
    nes. Modifications proposées. In-8° avec planches. . . .   2   »
TROIS MOIS A L'ARMÉE DE METZ, par un officier du génie. In-8° avec
    une carte des opérations, 2° édition.   3   »
TERWANGNE (général). Des chaudières à foyer intérieur et du sys-
    tème de centralisation appliqué au ménage des troupes, in-
    16 avec 3 planches.   2 50
VANDE VELDE (colonel). La guerre de 1866, in-8° avec 3 gr. cartes.   6   »
— La tactique appliquée au terrain, 2 vol. in-8° avec atlas . .   15   »
— La guerre de 1870-1871, gr. in-8° avec planches   8   »
VAN HOLSBEEK, H. (docteur, médecin en chef des ambulances belges
    pendant la guerre). Souvenir de la guerre franco-allemande,
    considérations au point de vue hospitalier et chirurgical.
    2° édition, 1 vol. in-8°, avec un plan de l'hôpital-baraque. .   2   »
VANKERCKHOVE et RODEN (cap.). Description de la place et du camp
    retranché d'Anvers, in-16 avec 4 cartes   3   »
VERDY DU VERNOIS (colonel chef d'état-major du 1er corps d'armée
    prussienne, etc.). Etudes sur l'art de conduire les troupes.
    1re, 2e, 3e et 4e parties, in-16 avec planches (traduit de l'alle-
    mand par le cap. d'état-major A. Masson) 11 50
WALTON. Armées permanentes et armées formées de volontaires,
    suivi de quelques propositions relatives à l'infanterie, in-8°
    avec planches   2   »
WAUWERMANS (major) La science du mineur, mines militaires, in-
    8° avec planches 7 50
— Les machines infernales dans la guerre de campagne, in-16
    avec planches (épuisé) . . . .
— Fortification et travaux du génie aux armées, communica-
    tions militaires, fortification permanente, passagère et mixte,
    castramétation. — Programme du cours professé à l'Ecole de
    guerre de Belgique en 1871, 1872 et 1873. — 1 vol. in-16. Prix
    de souscription pour l'armée : 3 francs.